Terkatz
**Börsengang für Krankenhäuser und andere Einrichtungen
des Gesundheitswesens**

Börsengang für Krankenhäuser und andere Einrichtungen des Gesundheitswesens

Eine Möglichkeit zur Eigenkapitalbeschaffung, um Wachstum zu finanzieren?

von

Dr. Stefan Terkatz

Bibliografische Informationen der Deutschen Nationalbibliothek

Die Deutsche Nationalbibliothek verzeichnet diese Publikation in der Deutschen Nationalbibliografie; detaillierte bibliografische Daten sind im Internet über http://dnb.d-nb.de abrufbar.

Bei der Herstellung des Werkes haben wir uns zukunftsbewusst für umweltverträgliche und wiederverwertbare Materialien entschieden.
Der Inhalt ist auf elementar chlorfreiem Papier gedruckt.

ISBN 978-3-86216-564-3

© 2019 medhochzwei Verlag GmbH, Heidelberg
www.medhochzwei-verlag.de

Dieses Werk, einschließlich aller seiner Teile, ist urheberrechtlich geschützt. Jede Verwertung außerhalb der engen Grenzen des Urheberrechtsgesetzes ist ohne Zustimmung des Verlages unzulässig und strafbar. Dies gilt insbesondere für Vervielfältigungen, Übersetzungen, Mikroverfilmungen und die Einspeicherung und Verarbeitung in elektronischen Systemen.

Satz: Reemers Publishing Services GmbH, Krefeld
Druck: mediaprint solutions GmbH, Paderborn
Umschlaggestaltung: Wachter Kommunikationsdesign, St. Martin
Titelbild: © katjen/shutterstock.com; Monkey Business Images/shutterstock.com

Vorwort zur 1. Auflage

Das vorliegende Buch soll ein Praxisleitfaden für Einrichtungen des Gesundheitswesens, insbesondere Krankenhäuser und Krankenhausverbünde sein, die sich mit dem Gedanken weiterer Expansion vor dem Hintergrund des sich massiv verschärfenden Wettbewerbs tragen. Es soll eine alternative Möglichkeit der (Eigen)-Kapitalbeschaffung untersuchen und die Schritte und Notwendigkeiten an einem konkreten Beispiel aufzeigen.

Das Buch ersetzt keinesfalls eine qualifizierte Emissionsberatung durch einen erfahrenen Berater, der die emissionswillige Gesellschaft im Idealfall von den ersten Überlegungen bis zum tatsächlichen Börsengang begleitet.

Ebenso wurde weitestgehend auf die Darstellung und Interpretation aller Rechtsvorschriften verzichtet. Vielmehr wurde auf die Möglichkeit einer bankenunabhängigen Möglichkeit zur Finanzierung des zukünftigen und notwendigen Wachstums fokussiert. Hierin ist auch der Grund über die anfängliche Analyse des deutschen Krankenhausmarktes im Vergleich mit benachbarten Europäischen Ländern zu sehen.

Es ist durchaus einleuchtend, dass Systeme und deren Finanzierung nicht einfach miteinander vergleichbar sind. So gibt es viele gute und nachvollziehbare Argumente, die einen Vergleich von Kapazitäten, Kosten und Strukturen immer in Zweifel ziehen können. Dennoch sind andere Gesundheitssysteme scheinbar effizienter.

Niemand wird die bestehenden Überkapazitäten im Deutschen Gesundheitswesen ernsthaft bezweifeln. Aber genau hieraus resultiert auch die unzureichende Finanzierung unserer Krankenversorgung.

Die Überkapazitäten müssen und werden beseitigt werden. Bereits heute sind hierfür auch deutliche Anzeichen zu erkennen. Allerdings sind hiermit auch immense Kosten verbunden, die von Unternehmen, die überleben wollen, aufzubringen sind. Bewusst verzichtet das Buch auf eventuell bestehende ideologische Gegebenheiten.

Sämtliche Analysen und Interpretationen wurden mit großer Sorgfalt durchgeführt, dennoch sind Fehler nicht auszuschließen.

Über Anregungen und Kritik freue ich mich jederzeit. Diese können Sie an meine E-Mail-Adresse: stefan.terkatz@admed.com richten.

Pulheim, Januar 2019   Dr. Stefan Terkatz

Inhaltsverzeichnis

Vorwort zur 1. Auflage V

1 Einleitung 1

2 Die Marktsituation der Krankenhäuser 3
   2.1   Problem Gemeinnützigkeit 3
   2.2   Investitions- und Instandhaltungsstau 4
   2.3   Digitalisierung 4
   2.4   Trägerkonzentration 4
   2.5   Entwicklung der Anzahl von Krankenhäusern 5
   2.6   Personalbelastungszahlen im Vergleich 5
   2.7   Entwicklung der Fördermittel 8
   2.8   Kernaussagen 9

3 Deutschland und Europa im Vergleich 11
   3.1   Kapazitätsvergleich 11
   3.2   Ärztedichte 13
   3.3   Verweildauer 13
   3.4   Krankenhausentlassungen je 1.000 Einwohner 14
   3.5   Überkapazitäten 14
   3.6   Beschäftigungsüberhang in Deutschland 19
   3.7   Kernaussagen 21

4 Zwischenfazit 23

5 Grundsätzliche Erwägungen zum Börsengang 25
   5.1   Kreditgeber der Deutschen Wirtschaft 25
   5.2   Anforderungen durch Basel I–III 26

6 Welche Anforderungen sind beim Börsengang zu erfüllen? 29
   6.1   Grundsätzliche Börsenreife 30
   6.2   Wahl des Börsensegmentes 31
   6.3   Konkrete Vorbereitung des Börsenganges 32
   6.4   Ermittlung der Free Cash Flows 33
   6.5   Berechnung der Verschuldungsgrenze (Debt Capacity) 37

7	**Kennzahlen der Ertrags- und Vermögenslage**	41
	7.1 Dynamischer Verschuldungsgrad	44
	7.2 Statischer Verschuldungsgrad	44
	7.3 Anlagenintensität	44
	7.4 Intensität des Umlaufvermögens	44
	7.5 Goldene Finanzierungsregel	45
	7.6 Goldene Bilanzregel	45
	7.7 Liquidität 1. Grades	45
	7.8 Liquidität 2. Grades	45
	7.9 Umsatzrentabilität	45
	7.10 Zwischenfazit	46
8	**Ermittlung des Unternehmenswertes**	49
	8.1 Unternehmenswertermittlung durch WACC-Ansatz	51
	8.2 Berechnung der diskontierten Free Cash Flows	53
	8.3 Economic Value Added	55
9	**Zwischenfazit zur Börsenreife**	57
10	**Empfehlung zur Kommunikationsstrategie**	59
11	**Interessenkonflikte**	61
12	**Strukturierung der Erstemission**	63
	12.1 Berechnung der notwendigen Kapitalerhöhung	63
	12.2 Erhalt der Mehrheitsanteile	65
13	**Umstellung der Rechnungslegung von HGB auf IFRS**	67
14	**„Gründung" der Aktiengesellschaft**	69
15	**Erstellung des Börsenprospektes**	71
	15.1 Erarbeitung der Equity Story	72
	15.2 Roadshow	73
16	**Zeitplan des IPO**	75
17	**Kosten des IPO**	77
18	**Zusammenfassung**	79

Inhaltsverzeichnis

Glossar 81
Literatur 83
Stichwortverzeichnis 85
Der Autor 87

1 Einleitung

Wachstum kostet Geld. In der deutschen Krankenhauslandschaft und vielen anderen Einrichtungen des Gesundheitswesens stimmte diese alte ökonomische Weisheit, in der jüngeren Vergangenheit nur bedingt. Gerieten Krankenhäuser oder Pflegeheime in ernste finanzielle Schwierigkeiten, wurden sie oft von einem anderen Träger ohne Kaufpreiszahlung übernommen. Viele konfessionelle Träger gaben ihre Krankenhäuser nebst angegliederten Einrichtungen, sofern sie zum Beispiel in ihrem eigenen Orden keinen Nachwuchs mehr hatten, an eine andere Ordensgemeinschaft einfach ab. Hauptsache in „gute Hände", lautete die Devise. Spätestens als die privaten großen Krankenhausketten oder Pflegeeinrichtungen aggressiv auf weiteres Wachstum drängten, wurde klar, dass Krankenhäuser und Pflegeheime einen Wert besitzen, der eine Kaufpreiszahlung rechtfertigt. Auch bei konfessionellen Trägern hat sich diese Einsicht sowohl auf der Käuferseite als auch auf der Verkäuferseite durchgesetzt. Hierin eingeschlossen sind auch solche Transaktionen, die lediglich einen geringen oder gar keinen Kaufpreis beinhalten, dafür aber Schuldenübernahme oder Investitionszusagen berücksichtigen. Die heutigen Rahmenbedingungen sind geprägt durch Verdrängungswettbewerb, hohe Instandhaltungsstaus, sinkende oder weggefallene Fördermittel, Fachkräftemangel, Kostendruck und mangelnde Auslastung. Viele kleinere oder mittlere Krankenhäuser, welche als Solitär am Markt agieren wollen, weden in naher Zukunft kaum eine Überlebenschance haben. Ebenso wenig kleine Pflegeeinrichtungen. Der technische und medizinische Fortschritt wird es erlauben, dass viele weitere, heute noch stationär durchgeführte Behandlungen, in Zukunft ambulant durchgeführt werden können. Bereits heute etablieren sich zu diesem Zweck hochspezialisierte Einrichtungen, wie beispielsweise medizinische Versorgungszentren. Auf dem ambulanten Sektor kann schon heute ein wachsender Trend von größer werdenden Gemeinschaftspraxen beobachtet werden. Alle diese Einrichtungen werden dafür sorgen, dass den Krankenhäusern weitere Erlöse fehlen werden. Dieses wird insbesondere die kleinen und mittleren Krankenhäuser treffen. Die künftige Patientengeneration wird durch die Nutzung der zur Verfügung stehenden Informationsmedien medizinisch viel aufgeklärter sein. Der Patient wird nicht mehr in das nächstgelegene Krankenhaus gehen, er wird sich das für ihn beste Krankenhaus suchen. Bei dieser Suche wird ihn die wachsende Transparenz, wie sie beispielsweise der verpflichtende strukturierte Qualitätsbericht bietet, unterstützen. Durch die relativ geringen Fallzahlen von kleinen und mittleren Krankenhäusern, die für den Patienten einen Qualitätsindikator darstellen, sind hiervon eben diese Krankenhäuser besonders betroffen. Aufgrund des existierenden und sich weiter verschärfenden Fachkräftemangels, insbesondere im ärztlichen und pflegerischen Bereich, fällt es dieser Krankenhausgruppe schon heute schwer, geeignetes Personal zu akquirieren. Diese Situation wird sich in absehbarer Zeit nicht entspannen. Die Kostenträger beabsichtigen, ihre Versicherten im Rahmen von Selektivverträgen in bestimmte Einrichtungen zu steuern. Hierdurch soll die Qualität gesteigert werden, was aufgrund einer höheren Spezialisierung durch hohe Fallzahlen bei definierten Erkrankungen vermutlich auch eintreten wird. Gleichzeitig gehen die Kostenträger durch die neu gewonnene Einkaufsmacht davon aus, dass sich dann auch Preisnachlässe durchsetzen lassen. Auch hier wird der Markt die Erwartungen der Kostenträger erfüllen.

2 Seit vielen Jahren ist eine steigende Trägerkonzentration im Krankenhaus- und Pflegeeinrichtungsmarkt zu beobachten. Immer weniger Träger besitzen immer mehr Einrichtungen. Bislang haben insbesondere die kommunalen Krankenhäuser abgenommen. Gleichzeitig sind die privaten Träger gewachsen. Dieser Umstand lässt den Schluss zu, dass das Wachstum der privaten Träger durch die Aufgabe der Krankenhäuser unter kommunaler Trägerschaft bedingt ist. Krankenhäuser, die sich im regionalen Umfeld einer großen Klinikkette befinden, müssen aufgrund ihrer deutlich schwächeren Finanzkraft mit erheblichen Wettbewerbsnachteilen rechnen. Alle diese Umstände sprechen dafür, dass ein Krankenhausträger eine bestimmte Unternehmensgröße braucht, um überleben zu können. Stillstand wäre hier Rückschritt. Da eine Klinik aufgrund der bestehenden Budgetdeckelung nur sehr bedingt ein eigenes Wachstum erreichen kann, bleibt nur die Möglichkeit einer Fusion oder einer Übernahme von anderen Kliniken. Hierzu fehlt jedoch gerade in kleineren und mittleren Krankenhäusern das Eigenkapital, welches für Wachstum benötigt wird. Die traditionellen Möglichkeiten der Eigenkapitalbeschaffung, wie die Aufnahme neuer Gesellschafter oder die Beschaffung von Mezzanine- Kapital scheiden oftmals aufgrund der Gemeinnützigkeit der meisten Klinken aus. Die Gemeinnützigkeit verbietet eine Ausschüttung an Gesellschafter, sofern diese die Ausschüttung für nicht gemeinnützige Zwecke verwenden wollen. Die somit fehlende oder zumindest stark eingeschränkte Möglichkeit zur Erzielung einer Rendite für Investoren macht den gemeinnützigen Markt, in dem sich derzeit der größte Teil der Krankenhäuser befindet, als Investitionsobjekt unter Renditegesichtspunkten unattraktiv. Somit bleibt unter den gegebenen Rahmenparametern fast nur der Weg der traditionellen Kreditfinanzierung über die Banken. Diese werden jedoch nur begrenzte Mittel bereitstellen, da sie im Rahmen der Vorschriften, wie zum Beispiel Basel II und Basel III, risikoadjustiertes Eigenkapital vorhalten müssen. Im Rahmen dieser Arbeit soll nun untersucht werden, ob ein Börsengang (nicht die gemeinnützige Aktiengesellschaft), der selbstverständlich auch den Verzicht auf die Anerkennung der Gemeinnützigkeit beinhaltet, eine sinnvolle Alternative zur Beschaffung von Eigenkapital, welches zur Finanzierung von Wachstum benötigt wird, darstellen könnte. Der folgende Text und Analyseteil wurde zwar explizit für Krankenhäuser durchgeführt, trifft aber angegliederte oder auf selbständige größere andere Einrichtungen des Gesundheitsmarktes in gleicher Weise zu. Somit sind die Voraussetzungen und der Ablauf eines Börsenganges annähernd identisch.

2 Die Marktsituation der Krankenhäuser

Alle Reformen des deutschen Gesundheitswesens haben ihre Zielsetzung, zumindest für die Neuordnung und Beseitigung der Unterfinanzierung im stationären Bereich, verfehlt. Der gewollte Wettbewerb ist nur sehr bedingt eingetreten, nach wie vor gibt der jeweilige Krankenhausbedarfsplan die angeblich benötigten Strukturen mit den damit verbundenen vorzuhaltenden stationären Einrichtungen vor und verhindert hierdurch eine freie Marktwirtschaft.

Ebenso wenig sind die geplanten Effizienzsteigerungen in der Realität eingetreten. Eine Vielzahl von Krankenhäusern erzielt noch immer jährlich hohe Verluste und ist für die Zukunft nicht aufgestellt.

Viele Kliniken stoßen an die Grenzen ihrer Möglichkeiten, sich die notwendigen Kreditmittel zur Finanzierung von Restrukturierungsmaßnahmen oder dringend benötigter Investitionen zu beschaffen. Die Bankenvorschriften von Basel I, II und III erschweren die Möglichkeiten der Kapitalbeschaffung vieler Kliniken enorm.

2.1 Problem Gemeinnützigkeit

Die überwiegend vorherrschende Gemeinnützigkeit, die dem Steuerrecht entstammt, verhindert oftmals alternative Möglichkeiten der Kapitalbeschaffung, da deren Vorschriften die Ausschüttung von möglichen Gewinnen an nicht gemeinnützige Organisationen oder für nicht gemeinnützige Zwecke verbieten. Somit ist es für einen privaten Investor, sofern er nicht mildtätige Gedanken hegt, uninteressant, sich an einer gemeinnützigen Klinik zu beteiligen. Seine Rendite könnte lediglich im Darlehenszins liegen, der aber unter Einbeziehung des Ausfallrisikos und der kalkulierten Marge oberhalb der banküblichen Zinsen liegen wird.

Dieser Zins kann aber von den meisten Kliniken nicht erwirtschaftet werden. Zu beobachten ist, dass lediglich die Kliniken in privater Trägerschaft massiv wachsen, während die öffentlichen Krankenhäuser massiv schrumpfen. So ging der Anteil der öffentlichen Krankenhäuser im Zeitraum von 1991 bis 2017 von 46,0 % auf 28,8 % zurück. Der Anteil der Kliniken in privater Trägerschaft stieg im gleichen Zeitraum von 14,8 % auf 37,1 %. Die an späterer Stelle vorgestellten Kennzahlen verdeutlichen, dass dieser Trend sich weiter fortsetzen wird.

2.2 Investitions- und Instandhaltungsstau

8 Der Instandhaltungsstau, der in einer gemeinsamen Studie des „Deutsches Krankenhaus Institut und der Wirtschaftsprüfungsgesellschaft BDO" im November 2015, „Investitionsfähigkeit der deutschen Krankenhäuser", beträgt nunmehr 33,9 Mrd. Euro, von denen aus Fördermitteln lediglich 13,5 Mrd. gedeckt werden. Um diesen Instandhaltungs- und Investitionsstau aus Fördermitteln zu beheben, wären diese demnach um 20,4 Mrd. EUR aufzustocken. Bei gegebenem Status Quo von 1.942 Krankenhäuser müssten dann 10,5 Mio. EUR je Klinik zusätzlich bereitgestellt werden.

9 Alternativ könnte die Finanzierung leistungsbasiert erfolgen. Unterstellt man bei den Krankenhäusern eine Sachkostenquote von 30 % und geht man weiter davon aus, dass die Krankenhäuser die notwendigen Mehrfälle mit unveränderter Personaldichte bewältigen könnten, würde sich bei einem Landesbasisfallwert in Höhe von 3.486 EUR ein Grenzertrag in Höhe von 2.440 EUR ergeben. In diesem Fall wäre eine Steigerung der Fallzahl auf der Basis 2017 in Höhe von 8,36 Mio. erforderlich. Dieses würde pro Klinik einer Zusatzbelastung in Höhe von 4.304 Fällen entsprechen. Insgesamt wäre also eine Fallzahlsteigerung in Höhe von ca. 43 % notwendig.

10 Dieses erscheint vor dem Hintergrund, dass in Deutschland ohnehin bereits 63 % mehr Krankenhausfälle behandelt werden als im benachbarten Europa, nicht zielführend.

11 Eine weitere Alternative stellt die Anhebung des Landesbasisfallwertes dar. Dieser müsste dann um 1.049 EUR erhöht werden, was einer Steigerung von ca. 30 % entspricht. Auch dieses Szenario erscheint unwahrscheinlich.

2.3 Digitalisierung

12 Eine weitere große Herausforderung besteht in der dringend umzusetzenden Digitalisierung der Krankenhäuser, für die laut einer Publikation des „Verbandes der Krankenhausdirektoren", vergl. VKD-online, 13.11.17, ca. 2,0 Mrd. EUR notwendig sind.

13 Zusätzlich werden die Kliniken durch den vermeintlichen Fachkräftemangel in Form steigender Personalkosten belastet.

2.4 Trägerkonzentration

14 Die Trägerkonzentration, d. h. immer weniger Träger besitzen immer mehr Krankenhäuser, wird auch in den Folgejahren durch die Krankenhäuser in privater Trägerschaft angeführt werden und den gesamten Markt weiter unter Druck setzen.

2.5 Entwicklung der Anzahl von Krankenhäusern

Die Entwicklung der Anzahl der Krankenhäuser vom Jahre 2000–2017 (– 300 Kliniken), die eine durchschnittliche Größe von 255 Betten aufweisen, die Reduktion der aufgestellten Krankenhausbetten im gleichen Betrachtungszeitraum (– 62.469) und die Verkürzung der Verweildauer der Patienten (– 2,4 Tage) und der Patientenanstieg (+ 2.179.881 Fälle) werden oftmals argumentativ zur Dokumentation der Effizienzsteigerung in deutschen Krankenhäusern herangezogen.

2.6 Personalbelastungszahlen im Vergleich

Bezieht man nun weitere Kennzahlen in die Analyse der Effizienz mit ein, ergibt sich ein etwas anderes Bild. Vergleicht man die Anzahl der zu versorgenden Patienten je Vollkraft mit den insgesamt beschäftigten Vollkräften der Krankenhäuser, ergibt sich unter Anwendung folgender Formel (**Fallzahl/Vollkräfte = Personalbelastungszahl**) im Vergleich der Jahre 2000 mit 2017 folgendes Bild:

- **Jahr 2000**
  17.262.929 (Fälle) / 834.000 (Vollkräfte) = 20,68 (Personalbelastungszahl)
- **Jahr 2017**
  19.442.810 (Fälle) / 894.400 (Vollkräfte) = 21,74 (Personalbelastungszahl)

Bezieht man nun die Berechnung der Personalbelastungszahl auf der Grundlage der zu versorgenden Betten ein, ergibt sich folgendes Bild:

- **Jahr 2000**
  9,7 (Belegungstage*24 Stunden) / (834.585 Vollkräfte*220 Arbeitstage*8 Stunden) = 2,74 (Personalbelastungszahl)
- **Jahr 2017**
  7,3 (Belegungstage*24 Stunden) / (894.400 Vollkräfte*220 Arbeitstage*8 Stunden) = 2,15 (Personalbelastungszahl)

Hier wird dem Umstand Rechnung getragen, dass ein Patient 24 Stunden täglich betreut werden muss und jede Vollkraft an 220 Tagen im Jahr unter Berücksichtigung ihrer Ausfallzeiten arbeitet. Ebenso wird eine 40 Stunden Woche unterstellt.

Es ist zu erkennen, dass die Zahl der zu versorgenden Betten im Zeitraum 2000 – 2017 um 21,5 % je Vollkraft abgenommen hat.

Die Fallzahl hat im gleichen Zeitraum um 2.179.881 oder um 12,63 % zugenommen. Gleichzeitig haben die Belegungstage um 25,637 Mio. oder um 15,88 % abgenommen. Dieses liegt in der Reduktion der Verweildauer um 2,4 Tage oder um 24,74 % begründet.

21 Im vorgenannten Vergleichszeitraum ist die Summe aller Vollkräfte in deutschen Krankenhäusern um 59.815 Vollkräfte oder um 7,17 % angestiegen. Dennoch wurde nur eine Steigerung der Fallzahl je Vollkraft von 5,1 % erreicht.

22 Anzumerken bleibt noch, dass die Anzahl der Vollkräfte im nichtärztlichen Bereich lediglich von 725.889 auf 733.200 angestiegen ist. Das entspricht einer Steigerung von 1 %.

23 Im Betrachtungszeitraum ist die Anzahl der Vollkräfte im ärztlichen Dienst von 108.696 auf 161.200 angestiegen. Das entspricht einer Steigerung von 48,3 %. Dieses Ungleichgewicht spiegelt sich in den Personalkosten des Krankenhauses wider.

24 Trotz der exorbitanten Steigerung im ärztlichen Bereich, wird von den Kliniken weiterhin ein Ärztemangel proklamiert, der für die zukünftige wirtschaftliche Entwicklung des stationären Sektors durchaus Anlass zur Sorge geben kann. Diese Zweifel lassen sich auch nicht mit dem Anstieg des Case Mix Index (CMI) im Betrachtungszeitraum 2010–2016 von 1,08 auf 1,1 ausräumen.

25 Die tabellarische Darstellung der hier angesprochenen Kennzahlen findet sich für die wesentlichen Kennzahlen im Folgenden wieder.

Personalbelastungszahlen im Vergleich

Tab. 1: Personalbelastungen

Jahr	Anzahl Krankenhäuser	Fallzahlen	Aufgestellte Betten	Verweildauer in Tagen	Belegungs-/Berechnungstage	Auslastungsgrad in %	Anzahl VK Ärzte im Jahresdurchschnitt	Anzahl VK nichtärztliches Personal im Jahresdurchschnitt	Summe Personal Gesamt (Vollkräfte)	ø Fälle je Arzt (Vollkraft)	zu versorgende Betten je Arzt (Vollkraft)	Ärzte je Krankenhaus (Vollkräfte)	ø Fälle nichtärztliches Personal (Vollkräfte)	zu versorgende Betten je nichtärztlicher Vollkraft	Nichtärztliche Mitarbeiter je KH (Vollkräfte)	ø Anzahl der Fälle bezogen auf alle Vollkräfte	zu versorgende Betten alle Mitarbeiter (Vollkräfte)	Summe aller Mitarbeiter der KH (Vollkräfte)
2000	2.242	17.262.929	559.651	9,7	167.789.000	81,9	108.696	725.889	834.585	158,82	21,05	48,48	23,78	3,15	323,77	20,68	2,74	834.585
2001	2.240	17.323.083	552.680	9,4	163.536.000	81,1	110.152	722.379	832.531	157,27	20,25	49,18	23,98	3,09	322,49	20,81	2,68	832.531
2002	2.221	17.432.272	547.284	9,2	159.937.000	80,1	112.763	720.778	833.541	154,59	19,34	50,77	24,19	3,03	324,53	20,91	2,62	833.541
2003	2.197	17.295.910	541.901	8,9	153.518.000	77,6	114.105	709.834	823.939	151,58	18,35	51,94	24,37	2,95	323,09	20,99	2,54	823.939
2004	2.166	16.801.649	531.333	8,7	146.746.000	75,5	117.681	688.307	805.988	142,77	17,00	54,33	24,41	2,91	317,78	20,85	2,48	805.988
2005	2.139	16.539.398	523.824	8,7	143.244.000	74,9	121.610	674.488	796.098	136,00	16,06	56,85	24,52	2,90	315,33	20,78	2,45	796.098
2006	2.104	16.832.883	510.767	8,5	142.251.000	76,3	123.715	668.200	791.915	136,06	15,68	58,80	25,19	2,90	317,59	21,26	2,45	791.915
2007	2.087	17.178.573	506.954	8,3	142.893.000	77,2	126.000	666.299	792.299	136,34	15,46	60,37	25,78	2,92	319,26	21,68	2,46	792.299
2008	2.083	17.519.579	503.360	8,1	142.535.000	77,4	128.117	669.437	797.554	136,75	15,17	61,51	26,17	2,90	321,38	21,97	2,44	797.554
2009	2.084	17.817.180	503.341	8,0	142.414.000	77,5	131.200	676.600	807.800	135,80	14,80	62,96	26,33	2,87	324,66	22,06	2,40	807.800
2010	2.064	18.032.903	502.749	7,9	141.942.000	77,4	134.800	681.400	816.200	133,78	14,36	65,31	26,46	2,84	330,14	22,09	2,37	816.200
2011	2.045	18.344.156	502.029	7,7	141.676.000	77,3	139.100	686.100	825.200	131,88	13,89	68,02	26,74	2,82	335,50	22,23	2,34	825.200
2012	2.017	18.620.442	501.475	7,6	142.024.000	77,4	142.900	694.900	837.800	130,30	13,55	70,85	26,80	2,79	344,52	22,23	2,31	837.800
2013	1.996	18.787.168	500.671	7,5	141.340.000	77,3	147.000	703.000	850.000	127,80	13,11	73,65	26,72	2,74	352,20	22,10	2,27	850.000
2014	1.980	19.148.626	500.680	7,4	141.534.000	77,4	150.800	708.700	859.500	126,98	12,80	76,16	26,96	2,72	357,93	22,25	2,25	859.500
2015	1.956	19.239.574	499.351	7,3	141.281.000	77,5	154.364	713.680	868.044	124,64	12,48	78,92	27,02	2,70	364,87	22,16	2,22	868.044
2016	1.951	19.532.779	498.718	7,3	142.170.000	77,9	158.100	722.400	880.500	123,55	12,26	81,04	27,04	2,68	370,27	22,18	2,20	880.500
2017	1.942	19.442.810	497.182	7,3	141.152.000	77,8	161.200	733.200	894.400	120,61	11,94	83,01	26,52	2,63	377,55	21,74	2,15	894.400

Quelle: Eigene Darstellung.

2.7 Entwicklung der Fördermittel

26 Um an späterer Stelle die bestehenden Einsparpotenziale der öffentlichen Krankenhausfördermittel zu beurteilen, ist es erforderlich, die heutigen Fördermittel rechnerisch für ein durchschnittliches Krankenhaus darzustellen. Der Vollständigkeit halber wird sowohl die Entwicklung der Fördermittel im Zeitablauf als auch für die Bezugsgröße „Aufgestelltes Bett" dargestellt.

Tab. 2: Entwicklung der Fördermittel

Jahr	Fördermittel gesamt Deutschland	Fördermittel je aufgestelltem Bett	Fördermittel je Krankenhaus
2000	3.378.000.000	6.036	1.506.690
2001	3.383.000.000	6.121	1.510.268
2002	3.236.000.000	5.913	1.457.001
2003	2.859.000.000	5.276	1.301.320
2004	2.787.000.000	5.245	1.286.704
2005	2.697.000.000	5.149	1.260.870
2006	2.701.000.000	5.288	1.283.745
2007	2.664.000.000	5.255	1.276.473
2008	2.685.000.000	5.334	1.289.006
2009	2.864.000.000	5.690	1.374.280
2010	2.826.000.000	5.621	1.369.186
2011	2.673.000.000	5.324	1.307.090
2012	2.615.000.000	5.215	1.296.480
2013	2.724.000.000	5.441	1.364.729
2014	2.783.000.000	5.558	1.405.556
2015	2.775.000.000	5.557	1.418.712
Veränderung in %	−17,85	−7,93	−5,84

Quelle: Eigene Darstellung.

27 Bezogen auf die zu fördernden Kapazitäten zeigt sich, dass der Fördermittelrückgang mit 7,93 % je aufgestelltem Bett höher ist, als der Fördermittelrückgang je Krankenhaus. Daraus ist zu entnehmen, dass der Bettenrückgang stärker ausgeprägt war als der Krankenhausrückgang. Vor diesem Hintergrund werden auch in Zukunft mehr Fördermittel benötigt werden, als es unter dem Aspekt schrumpfender Kapazitäten notwendig wäre.

2.8 Kernaussagen

- Um 5 % mehr Fälle je Vollkraft zu versorgen, mussten von 2000 – 2017 jedoch 7 % mehr Vollkräfte eingesetzt werden. 28
- Verweildauerverkürzung, Fallzahlsteigerung und Bettenreduktion haben nicht zu einer steigenden Effizienz geführt.
- Der Instandhaltungs- und Investitionsstau wird weder in der dualen noch in der monistischen Finanzierung aufzulösen sein.
- Die heutigen Strukturen im stationären Sektor sind unter den gegebenen Voraussetzungen nicht mehr haltbar.

3 Deutschland und Europa im Vergleich

An dieser Stelle stellt sich die Frage, ob die Ineffizienz der stationären Krankenhausversorgung ein deutsches Problem darstellt, oder ob die stationäre Krankenhausversorgung grundsätzlich ein „defizitäres Geschäft" darstellt und ob ausreichend Potenziale für die Zukunft vorhanden sind. Hierzu findet ein Vergleich mit 11 benachbarten europäischen Ländern eine Berechtigung

Folgende Parameter fließen in den (verkürzten) Vergleich ein:

- Anzahl der aufgestellten Krankenhausbetten je 100.000 Einwohner
- Ärztedichte je 1.000 Einwohner
- Verweildauer
- Anzahl entlassener Patienten auf der Basis des Jahres 2015 bezogen auf 1.000 Einwohner
- Entwicklung der Kennzahlen von 2000 – 2017
- Alle Abweichungen beziehen sich auf Deutschland im Vergleich zum Durchschnitt der betrachteten Länder

3.1 Kapazitätsvergleich

Zunächst wird ein Kapazitätsvergleich zwischen Deutschland und den ausgewählten benachbarten europäischen Ländern durchgeführt. Grundlage bilden die aufgestellten Betten je 100.000 Einwohner.

Die Ergebnisse sind der nachfolgenden Tabelle zu entnehmen.

Deutschland und Europa im Vergleich

Tab. 3: Anzahl Krankenhausbetten benachbarter europäischer Länder

Jahr	Belgien	Däne-mark	Deutsch-land	Frank-reich	Grie-chen-land	Irland	Italien	Nieder-lande	Öster-reich	Polen	Portu-gal	Spa-nien	Durch-schnitt	Abw. Deutsch-land zum ø
2000	613,68	426,04	680,75	406,20	374,39	279,09	421,70	305,34	684,87	515,13	368,49	291,52	426,04	254,71
2001	602,08	418,98	671,14	395,29	384,09	274,40	410,67	291,12	675,24	506,72	361,41	284,97	418,63	252,51
2002	592,58	425,73	663,47	390,39	378,82	280,65	391,17	296,99	666,68	489,33	352,89	278,64	413,08	250,39
2003	589,31	410,05	656,58	380,82	381,63	279,84	364,70	291,69	655,64	486,23	353,11	271,09	405,83	250,75
2004	583,05	393,26	643,91	373,94	379,41	277,97	346,17	291,34	648,99	478,58	352,48	268,98	399,47	244,44
2005	578,47	380,28	635,17	368,51	386,20	276,42	344,10	286,23	642,58	468,87	347,15	266,83	395,06	240,11
2006	571,08	372,10	620,04	362,38	394,36	270,33	336,31	318,49	637,09	465,22	339,44	262,56	393,58	226,46
2007	566,12	360,36	616,23	358,26	395,29	264,68	324,25	317,49	637,55	461,58	339,86	261,78	389,75	226,48
2008	559,12	350,75	613,03	351,64	395,27	256,37	313,10	309,93	628,10	441,12	333,68	258,16	381,57	231,46
2009	553,16	343,92	604,56	349,36	405,30	263,63	302,84	306,34	621,22	438,64	328,26	255,20	378,90	225,66
2010	546,37	343,55	614,78	346,13	359,62	252,65	297,23	284,63	613,89	494,38	328,03	251,48	374,36	240,42
2011	534,72	306,70	613,74	342,72	360,89	242,90	286,17	279,45	607,68	489,29	330,23	245,67	366,04	247,70
2012	528,15		612,06	339,40	364,07	237,31	284,49	365,10	599,54	495,74	334,05	237,81	344,15	267,91
2013	523,01	300,40	615,12	334,58	352,24	239,33	274,57	361,23	587,21	494,43	331,62	236,20	366,80	248,32
2014	524,31	261,82	618,26	327,11	349,69	243,46	265,42		578,29	495,48	325,17	237,27	328,00	290,26
2015	517,89	245,66	611,30	320,47	360,40	239,71	263,60		565,96	491,27	323,26	240,79	324,46	286,84
Verände-rung in %	-15,61	-42,34	-10,20	-21,11	-3,74	-14,11	-37,49	18,30	-17,36	-4,63	-12,27	-17,40	-23,84	12,62

Quelle: Eigene Darstellung.

Hier zeigt sich, dass der Durchschnitt der verglichenen Länder im Jahre 2015 bei 324,46 Betten je 100.000 Einwohner liegt, während Deutschland zum gleichen Zeitpunkt 611,3 Betten vorhält. Dieses entspricht einer Mehrkapazität von 88,4 %. Während die ausgewählten europäischen Nachbarländer im Zeitraum von 2000 – 2015 durchschnittlich 23,84 % ihrer Krankenhausbetten abgebaut haben, hat Deutschland lediglich 10,2 % abgebaut.

3.2 Ärztedichte

Nun wird die Ärztedichte der Länder unter gleichen Kriterien verglichen.

Die Ergebnisse sind der nachfolgenden Tabelle zu entnehmen.

Tab. 4: Ärztedichte je 1.000 Einwohner

Jahr	Belgien	Dänemark	Deutschland	Frankreich	Griechenland	Irland	Italien	Niederlande	Österreich	Polen	Portugal	Spanien	Durchschnitt	Abw. Deutschland absolut	Abw. Deutschland in %
2015	2,98	3,65	4,13	3,23	6,26	2,79	3,95	3,35	5,15	2,27	4,43	3,82	3,81	0,32	8,48

Quelle: Eigene Darstellung.

Auch hier zeigt sich, dass Deutschland mit 4,13 Ärzten um 0,32 Ärzten über dem europäischen Durchschnitt (3,81) liegt. Deutschland hält somit 8,48 % mehr Ärzte je 1.000 Einwohner vor als die betrachteten europäischen Nachbarländer. Dennoch wird in Deutschland ein Ärztemangel beklagt.

3.3 Verweildauer

Einen weiter wichtigen Parameter stellt die Verweildauer dar, da diese die notwendigen Bettenkapazitäten maßgeblich beeinflusst.

Die Vergleichsergebnisse sind der nachfolgenden Tabelle zu entnehmen.

Tab. 5: Vergleich Verweildauer

Jahr	Belgien	Dänemark	Deutschland	Frankreich	Griechenland	Irland	Italien	Niederlande	Österreich	Polen	Portugal	Spanien	Durchschnitt	Abw. Deutschland absolut	Abw. Deutschland in %
2015	6,3	5,4	7,3	8,8	k. A.	5,7	7,8	5,2	8,5	7,1	7,6	7	6,94	0,36	5,19

Quelle: Eigene Darstellung.

39 Auch hier zeigt der Vergleich, dass Deutschland mit 0,36 Tagen über dem Durchschnitt der europäischen Nachbarländer liegt. Dieses entspricht einer Abweichung von 5,2 %.

3.4 Krankenhausentlassungen je 1.000 Einwohner

40 Um die in Deutschland vorgehaltenen stationären Bettenkapazitäten beurteilen zu können, ist auch hier ein Vergleich mit anderen europäischen Ländern sinnvoll. Hierzu ist es notwendig, die Anzahl der entlassenen Krankenhauspatienten zu betrachten.

41 Die Ergebnisse sind in der nachfolgenden Tabelle dargestellt.

Tab. 6: Vergleich Krankenhausentlassungen je 1.000 Einwohner

Jahr	Belgien	Dänemark	Deutschland	Frankreich	Griechenland	Irland	Italien	Niederlande	Österreich	Polen	Portugal	Spanien	Durchschnitt	Abw. Deutschland zum ø absolut	Abw. Deutschland zum ø in %
2015	165,8	147,8	255,3	183,6	196,5	140,6	118,6	116,5	255,8	169,6	109,2	114,4	156,2	99,1	63,4

Quelle: Eigene Darstellung.

42 Während die durchschnittliche Anzahl der entlassenen Krankenhauspatienten (Basis 2015) in den betrachteten Nachbarländern bei 156,22 liegt, kommt Deutschland auf 255,30 Patientenentlassungen. Dieses entspricht einer Abweichung von 99,08 Patienten je 1.000 Einwohner und liegt damit 63,43 % höher als der Durchschnitt. Würde Deutschland den betrachteten europäischen Durchschnitt erreichen, würden jährlich 8,14 Mio. weniger Krankenhausfälle auftreten.

3.5 Überkapazitäten

43 Hierdurch würde sich der Kapazitätsbedarf an Krankenhausbetten und damit auch die Anzahl benötigter Krankenhäuser deutlich verändern.

Dieses verdeutlicht die nachfolgende Tabelle: 44

Tab. 7: Überkapazitäten in Deutschland

Jahr	Deutschland	Durchschnitt	Abw. Deutschland zum ø	Überkapazität Krankenhausbetten	ø Krankenhausgröße Deutschland	ø Überkapazität Krankenhäuser
2000	680,75	426,04	254,71	209.524	250	839,37
2001	671,14	418,63	252,51	208.166	247	843,69
2002	663,47	413,08	250,39	206.665	246	838,69
2003	656,58	405,83	250,75	206.950	247	839,03
2004	643,91	399,47	244,44	201.665	245	822,10
2005	635,17	395,06	240,11	197.943	245	808,29
2006	620,04	393,58	226,46	186.389	243	767,79
2007	616,23	389,75	226,48	186.210	243	766,58
2008	613,03	381,57	231,46	189.804	242	785,45
2009	604,56	378,90	225,66	184.597	242	764,29
2010	614,78	374,36	240,42	196.548	244	806,91
2011	613,74	366,04	247,70	198.974	245	810,51
2012	612,06	344,15	267,91	215.731	249	867,70
2013	615,12	366,80	248,32	200.559	251	799,56
2014	618,26	328,00	290,26	235.684	253	932,04
2015	611,30	324,46	286,84	235.717	255	923,32

Quelle: Eigene Darstellung.

Die Angleichung des deutschen stationären Sektors an die Ergebnisse des Vergleichs mit den betrachteten Nachbarländern zeigt, dass in Deutschland erhebliche Überkapazitäten bestehen. So werden ca. 235.000 Krankenhausbetten für die stationäre Versorgung nicht benötigt. Bei einer durchschnittlichen Krankenhausgröße von 255 Betten entspricht dieses einer Anzahl von ca. 900 Krankenhäusern die nicht zur stationären Patientenversorgung benötigt werden. 45

46 Betrachtet man in diesem Kontext die durchschnittlichen Fördermittel in Deutschland pro Krankenhaus, ergibt sich bei Abbau der Überkapazitäten folgendes Bild:

Tab. 8: Einsparpotenzial bei Fördermitteln

Jahr	Überkapazität Krankenhausbetten	ø Krankenhausgröße Deutschland	ø Überkapazität Krankenhäuser	Fördermittel gesamt Deutschland	Fördermittel je aufgestelltem Bett	Fördermittel je Krankenhaus	Einsparpotenzial bei Fördermitteln
2000	209.524	250	839,37	3.378.000.000	6.036	1.506.690	1.264.665.037
2001	208.166	247	843,69	3.383.000.000	6.121	1.510.268	1.274.202.813
2002	206.665	246	838,69	3.236.000.000	5.913	1.457.001	1.221.976.904
2003	206.950	247	839,03	2.859.000.000	5.276	1.301.320	1.091.844.179
2004	201.665	245	822,10	2.787.000.000	5.245	1.286.704	1.057.795.382
2005	197.943	245	808,29	2.697.000.000	5.149	1.260.870	1.019.146.312
2006	186.389	243	767,79	2.701.000.000	5.288	1.283.745	985.650.537
2007	186.210	243	766,58	2.664.000.000	5.255	1.276.473	978.515.390
2008	189.804	242	785,45	2.685.000.000	5.334	1.289.006	1.012.444.207
2009	184.597	242	764,29	2.864.000.000	5.690	1.374.280	1.050.351.018
2010	196.548	244	806,91	2.826.000.000	5.621	1.369.186	1.104.815.913
2011	198.974	245	810,51	2.673.000.000	5.324	1.307.090	1.059.415.450
2012	215.731	249	867,70	2.615.000.000	5.215	1.296.480	1.124.955.121
2013	200.559	251	799,56	2.724.000.000	5.441	1.364.729	1.091.181.861
2014	235.684	253	932,04	2.783.000.000	5.558	1.405.556	1.310.034.598
2015	235.717	255	923,32	2.775.000.000	5.557	1.418.712	1.309.931.715

Quelle: Eigene Darstellung.

47 Aber auch dieses Potenzial in Höhe von ca. 1,3 Mrd. EUR würde bei weitem nicht ausreichen, den Instandhaltungs- und Investitionsstau zu lösen.

48 Zusätzlich ergibt sich durch die durchzuführende Kapazitätsanpassung ein veränderter Personalbedarf in den deutschen Krankenhäusern.

Überkapazitäten

Tab. 9: Entwicklung Personalbedarf

Jahr	Anzahl Kranken- häuser	Fallzahlen	Aufge- stellte Betten	Verweil- dauer in Tagen	Belegungs-/ Berechnungs- tage	Auslas- tungsgrad in %	Anzahl VK Ärzte im Jah- resdurch- schnitt	Anzahl VK nichtärztliches Personal im Jahresdurch- schnitt	Summe Personal gesamt (Vollkräfte)
2000	2.242	17.262.929	559.651	9,7	167.789.000	81,9	108.696	725.889	834.585
2001	2.240	17.323.083	552.680	9,4	163.536.000	81,1	110.152	722.379	832.531
2002	2.221	17.432.272	547.284	9,2	159.937.000	80,1	112.763	720.778	833.541
2003	2.197	17.295.910	541.901	8,9	153.518.000	77,6	114.105	709.834	823.939
2004	2.166	16.801.649	531.333	8,7	146.746.000	75,5	117.681	688.307	805.988
2005	2.139	16.539.398	523.824	8,7	143.244.000	74,9	121.610	674.488	796.098
2006	2.104	16.832.883	510.767	8,5	142.251.000	76,3	123.715	668.200	791.915
2007	2.087	17.178.573	506.954	8,3	142.893.000	77,2	126.000	666.299	792.299
2008	2.083	17.519.579	503.360	8,1	142.535.000	77,4	128.117	669.437	797.554
2009	2.084	17.817.180	503.341	8,0	142.414.000	77,5	131.200	676.600	807.800
2010	2.064	18.032.903	502.749	7,9	141.942.000	77,4	134.800	681.400	816.200
2011	2.045	18.344.156	502.029	7,7	141.676.000	77,3	139.100	686.100	825.200
2012	2.017	18.620.442	501.475	7,6	142.024.000	77,4	142.900	694.900	837.800
2013	1.996	18.787.168	500.671	7,5	141.340.000	77,3	147.000	703.000	850.000
2014	1.980	19.148.626	500.680	7,4	141.534.000	77,4	150.800	708.700	859.500
2015	1.956	19.239.574	499.351	7,3	141.281.000	77,5	154.364	713.680	868.044
2016	1.951	19.532.779	498.718	7,3	142.170.000	77,9	158.100	722.400	880.500
2017	1.942	19.442.810	497.182	7,3	141.152.000	77,8	161.200	733.200	894.400

Deutschland und Europa im Vergleich

Tab. 9: *(Fortsetzung)*

Jahr	Anzahl Krankenhäuser	Fallzahlen	Aufgestellte Betten	Verweildauer in Tagen	Belegungs-/Berechnungstage	Auslastungsgrad in %	Anzahl VK Ärzte im Jahresdurchschnitt	Anzahl VK nichtärztliches Personal im Jahresdurchschnitt	Summe Personal gesamt (Vollkräfte)
Simulation Zukunft	1.019	11.300.663	261.465	6,9	78.165.133	81,9	84.557	384.600	469.157
Differenz zu 2017	-923	-8.142.147	-235.717	-0,4	-62.986.867	4,1	-76.643	-348.600	-425.243
Personalkosten je VK 2016							123.412	57.531	
Personalkostenpotenzial							-9.458.618.791	-20.055.323.597	

Quelle: Eigene Darstellung.

3.6 Beschäftigungsüberhang in Deutschland

Die lineare Anpassung der benötigten Personalressourcen auf benachbarte europäische Gegebenheiten im stationären Sektor zeigt einen Überhang von ca. 76.000 Vollkräfte im ärztlichen Bereich und einen Überhang von ca. 348.000 Vollkräften im nichtärztlichen Bereich auf. Gemäß dem statistischen Bundesamt waren 2016 eine Vollkraft des Ärztlichen Dienstes mit ca. 123.000 EUR und eine Vollkraft des nichtärztlichen Dienstes mit ca. 57.000 EUR zu bewerten. Insgesamt ergibt sich also ein Einsparpotenzial in Höhe von ca. 29,5 Mrd. EUR. 49

Parallel ist zu prüfen, welche Auswirkungen die Anpassung der Kapazitäten an die europäischen Nachbarländer in Bezug auf die Personalbelastung der im Krankenhaus tätigen Mitarbeiter hat. 50

Die Ergebnisse werden in der nachfolgenden Tabelle dargestellt. 51

Deutschland und Europa im Vergleich

Tab. 10: Entwicklung Personalbelastung

Jahr	Anzahl Krankenhäuser	ø Fälle je Arzt (Vollkraft)	zu versorgende Betten je Arzt (Vollkraft)	Ärzte je Krankenhaus (Vollkräfte)	ø Fälle nicht ärztliches Personal (Vollkräfte)	zu versorgende Betten je nichtärztlicher Vollkraft	Nichtärztliche Mitarbeiter je KH (Vollkräfte)	ø Anzahl der Fälle bezogen auf Vollkräfte	zu versorgende Betten aller Mitarbeiter	Summe aller Mitarbeiter der KH (Vollkräfte)
2000	2.242	158,82	21,05	48,48	23,78	3,15	323,77	20,68	2,74	834.585
2001	2.240	157,27	20,25	49,18	23,98	3,09	322,49	20,81	2,68	832.531
2002	2.221	154,59	19,34	50,77	24,19	3,03	324,53	20,91	2,62	833.541
2003	2.197	151,58	18,35	51,94	24,37	2,95	323,09	20,99	2,54	823.939
2004	2.166	142,77	17,00	54,33	24,41	2,91	317,78	20,85	2,48	805.988
2005	2.139	136,00	16,06	56,85	24,52	2,90	315,33	20,78	2,45	796.098
2006	2.104	136,06	15,68	58,80	25,19	2,90	317,59	21,26	2,45	791.915
2007	2.087	136,34	15,46	60,37	25,78	2,92	319,26	21,68	2,46	792.299
2008	2.083	136,75	15,17	61,51	26,17	2,90	321,38	21,97	2,44	797.554
2009	2.084	135,80	14,80	62,96	26,33	2,87	324,66	22,06	2,40	807.800
2010	2.064	133,78	14,36	65,31	26,46	2,84	330,14	22,09	2,37	816.200
2011	2.045	131,88	13,89	68,02	26,74	2,82	335,50	22,23	2,34	825.200
2012	2.017	130,30	13,55	70,85	26,80	2,79	344,52	22,23	2,31	837.800
2013	1.996	127,80	13,11	73,65	26,72	2,74	352,20	22,10	2,27	850.000
2014	1.980	126,98	12,80	76,16	27,02	2,72	357,93	22,28	2,25	859.500
2015	1.956	124,64	12,48	78,92	26,96	2,70	364,87	22,16	2,22	868.044
2016	1.951	123,55	12,26	81,04	27,04	2,68	370,27	22,18	2,20	880.500
2017	1.942	120,61	11,94	83,01	26,52	2,63	377,55	21,74	2,15	894.400
Simulation Zukunft	1.019	133,64	12,61	83,01	29,38	2,77	377,55	24,09	2,27	469.157
Differenz zu 2017	-923	13,03	0,67	0,00	2,87	0,15	0,00	2,35	0,12	-425.243

Quelle: Eigene Darstellung.

Es zeigt sich, dass zur Bewältigung der Anpassungsmaßnahmen bei konstanter Anwendung der Berechnung der Personalbelastungszahlen, eine ca. 10 %-ige Fallzahlsteigerung notwendig wird.

3.7 Kernaussagen

- In Deutschland werden 63 % mehr Patienten im Krankenhaus behandelt als in den ausgewählten Nachbarländern.
- Die Verweildauer liegt um 5,2 % über dem europäischen Durchschnitt.
- Mehr als 900 Krankenhäuser werden bei gegebener Durchschnittsgröße nicht zur Patientenversorgung benötigt.
- Mehr als 235.000 Krankenhausbetten sind in Deutschland überflüssig.
- Mehr als 425.000 Vollkräfte könnten abgebaut werden oder in Teilen zur Beseitigung des vermeintlichen Fachkräftemangels im Gesundheitswesen beitragen.
- Das heutige Fördermittelsystem kann die Belastungen der Zukunft nicht darstellen.
- Die Effizienz des deutschen Gesundheitswesens liegt weit hinter anderen europäischen Ländern zurück.
- Eine Effizienzsteigerung von 10 % nach Abbau der Überkapazitäten würde Deutschland mit den ausgewählten europäischen Nachbarländern vergleichbar und konkurrenzfähig machen.

4 Zwischenfazit

Das vorstehende Kapitel wurde ausschließlich unter den Gesichtspunkten des Kapitalmarktes verfasst. Dieser bezieht in seine Analysen nicht nur Deutschland ein. Um als Investor (Aktienkäufer) eine Meinung über Chancen und Risiken des Investments zu erhalten, wird grundsätzlich auch die globale, zumindest aber die europäische zu erwartende Marktentwicklung analysiert. Hierbei sind Begründungen einer monetären Abweichung, wie zum Beispiel Arbeitszeitgesetze oder ähnliches von untergeordneter Bedeutung. Im Mittelpunkt stehen die Renditeerwartung und deren Eintrittswahrscheinlichkeit.

Der deutsche stationäre Gesundheitsmarkt befindet sich in einem Verdrängungswettbewerb. Die vorstehenden Analysen zeigen deutlich auf, dass dieser Markt zur Zeit von Überkapazitäten geprägt ist und die „öffentliche Hand" nicht in der Lage sein wird, diesen Zustand weiterhin zu finanzieren.

Somit wird der Kampf um Patienten und (regionale) Marktanteile weiterhin zunehmen und automatisch zur Marktbereinigung beitragen.

Unter Kapitalmarktgesichtspunkten ist es zwingend erforderlich, mit seinem Geschäftsmodell eine Rendite zu erzielen.

Diese lässt sich jedoch nur in effizienten Strukturen darstellen, allerdings müssen diese geschaffen werden, was mit einer Menge an notwendigen Investitionen verbunden sein wird.

Letztlich werden nur diejenigen überleben, die diese Voraussetzungen erfüllen.

Vor diesem Hintergrund wird die Möglichkeit eines Börsengangs erläutert und die notwendigen Schritte werden dargestellt. Ebenso werden alternative Finanzierungsinstrumente vorgestellt und sofern sinnvoll, auch in Kombination zum Börsengang, geprüft.

5 Grundsätzliche Erwägungen zum Börsengang

Sicherlich stellt der Börsengang bzw. der IPO (Initial Public Offering = erstes öffentliche Kaufangebot der Unternehmensaktien) die Königsdisziplin der Eigenkapitalbeschaffung dar. Dennoch nutzten diese Möglichkeit von 2006–2019 an der Deutschen Börse nur durchschnittlich 14 Unternehmen jährlich. Auf die Gründe wird im weiteren Verlauf detailliert eingegangen. 61

Da die meisten Krankenhäuser nicht als Akteure an der Börse agieren und überwiegend den Status der Gemeinnützigkeit besitzen, bleibt zur Eigenkapitalbeschaffung in der Regel die Gewinnthesaurierung, oder der Träger (Unternehmenseigentümer) stellt weiteres Eigenkapital zur Verfügung. Beide Alternativen haben in der Vergangenheit den Kapitalbedarf der Krankenhäuser nicht gedeckt. Somit bleibt in den heutigen Strukturen nur die Finanzierung von Investitionen über die Aufnahme von Fremdkapital. Hier wurden mit mehr als 95 % aller Kreditfinanzierungen Bankenkredite genutzt. Inwieweit diese Finanzierungsform die wirtschaftliche Zukunft der Krankenhäuser sichert, sollte zumindest hinterfragt werden. 62

5.1 Kreditgeber der Deutschen Wirtschaft

Zunächst erscheint es sinnvoll, sich mit den heutigen Kapitalmarktstrukturen der Deutschen Wirtschaft kurz zu befassen. Die nachfolgende Tabelle gibt einen Überblick über die Kreditgeber der Deutschen Wirtschaft im Zeitablauf der Jahre 2000–2017. 63

Tab. 11: Kreditgeber der Deutschen Wirtschaft 2000–2017

Jahr	Banken	Ausland	Investmentfonds
2000	71,69	10,73	1,48
2001	69,42	12,16	1,43
2002	66,23	12,86	1,51
2003	63,92	13,47	1,55
2004	63,94	13,57	2,16
2005	64,06	13,97	2,11
2006	62,63	15,43	1,39
2007	61,97	16,82	1,25
2008	61,92	16,27	1,20
2009	60,87	17,25	1,36
2010	58,99	18,31	1,64
2011	57,11	19,43	1,79
2012	55,54	20,27	1,34
2013	53,54	21,22	1,70
2014	52,34	22,17	1,84

Tab. 11: *(Fortsetzung)*

Jahr	Banken	Ausland	Investmentfonds
2015	51,42	22,23	2,07
2016	50,52	23,53	2,47
2017	49,86	24,47	2,70
Veränderung in %	-30,45	128,05	82,43

Kreditgeber der Deutschen Wirtschaft in %
Quelle: www.Bankenverbund.de [aufgerufen am 03.12.2018].

64 Die Tabelle zeigt, dass die Banken ihr Kreditengagement in der Deutschen Wirtschaft im Betrachtungszeitraum 2000–2007 um ca. 30,5 % reduziert haben, während ausländische Investoren und Investmentfonds ihr Engagement im gleichen Zeitraum nahezu verdoppelt haben. Da aber sowohl ausländische Investoren als auch Investmentfonds Renditezahlungen oder Ausschüttungen vom Jahresüberschuss erwarten, bleibt den gemeinnützigen Krankenhäusern dieser Finanzierungsweg verschlossen. Die Gemeinnützigkeit verbietet Ausschüttungen für nicht gemeinnützige Zwecke. Alternativ könnte ein höherer Zins gezahlt werden, dieser wird jedoch im DRG-System (Fallpauschalenvergütung für Krankenhäuser) nicht abgebildet. Somit wird der Zins nicht refinanziert und würde sowohl die Liquidität als auch das Jahresergebnis massiv belasten und damit auch den Weg über spätere Bankenfinanzierung erschweren. Also bleibt den Krankenhäusern prinzipiell nur die klassische Bankenfinanzierung zur Deckung ihres Kapitalbedarfs. Doch hier haben die Regeln von Basel I, II und III den Zugang zu Krediten sehr erschwert. Die Gründe hierfür werden nachstehend erläutert.

5.2 Anforderungen durch Basel I–III

65 Vergangene Finanzkrisen haben dazu geführt, dass diverse Banken ihre Verpflichtungen gegenüber ihren Gläubigern nicht mehr ohne staatliche Unterstützung erfüllen konnten. Zusammenbrüche von Banken, exemplarisch sei hier „Lehman Brothers" erwähnt, haben gezeigt, dass die Banken oftmals nicht mit genügendem Eigenkapital oder nur mit qualitativ minderwertigen Eigenkapital ausgestattet waren. Somit war der Schritt, für die Banken, international gültige Eigenkapitalhinterlegungsregelungen einzuführen, nur richtig und konsequent. Banken haben ihre Risikopositionen (verauslagte Kredite) durch eine entsprechende Eigenmittelhinterlegung abzusichern. Jede Weiterentwicklung des Basler Ausschusses für Bankenaufsicht stellte höhere Anforderungen an die Qualität des Eigenkapitals, oder zusätzlich bei Basel III an die Höhe des zu hinterlegenden Eigenkapitals. Die unterschiedliche Zusammensetzung des zu hinterlegenden Kapitals wird in der folgenden Übersicht deutlich.

Tab. 12: Vorschriften zur Eigenkapitalhinterlegung der Banken

	Vor Basel III	Basel III
Hartes Kernkapital	2	4,5
Weiches Kernkapital	2	1,5
Ergänzungskapital	4	2
Kapitalerhaltungspuffer	0	2,5
Antizyklischer Kapitalpuffer	0	0–2,5
Summe	**8**	**10,5**

Alle Angaben in %
Quelle: Eigene Darstellung.

Hieraus folgt, dass die Anforderungen an die Qualität des zu hinterlegenden Eigenkapitals deutlich gestiegen sind. So rechnet man dem harten Kernkapital zum Beispiel einbehaltene Gewinne und eigene Aktien (sofern vorhanden) und Einlagen stiller Gesellschafter zu. Hier geht es also auch um die Substanz der Banken.

Wie aus der Tabelle hervorgeht, sind die Kreditinstitute ab 2019 unmittelbar an folgende Quoten gebunden:

Harte Kernkapitalquote: 4,5 %
Kernkapitalquote: 6,0 %
Gesamtkapitalquote: 8,0 %

Verfügt ein Kreditinstitut beispielsweise über ein Gesamtkapital von 100,0 Mio. EUR, kann es in der Bilanz maximal 1,25 Mrd. EUR als Gesamtforderungsbetrag ausweisen. Doch genau hier wird es unter bestimmten Umständen schwierig. Der Gesamtforderungsbetrag der Kreditinstitute legt die Höhe der Eigenkapitalhinterlegung absolut und strukturell fest. Ausgangspunkt zur Berechnung des Gesamtforderungsbetrages ist das risikogewichtete Kreditrisiko. Sämtliche Kreditanträge durchlaufen bei Kreditinstituten ein standardisiertes Ratingverfahren. Entsprechend der Bonität des Antragstellers werden verschiedene Risikoklassen gebildet, die in ihrer Risikogewichtung erheblich voneinander abweichen. Somit muss das Kreditinstitut bei einer schlechteren Bonität des Antragstellers quasi mehr Eigenkapital hinterlegen als es bei einem Antragsteller mit guter bis sehr guter Bonität der Fall wäre. Dieses Geld kann das Kreditinstitut somit nicht in den Kreditkreislauf einspeisen und verliert dadurch auch die Möglichkeit, entsprechende Zinsen durch Kreditgewährung zu verdienen. Fällt der Kreditnehmer im schlimmsten Fall sogar aus, so reduziert das Kreditinstitut durch den Verlust sogar sein hartes Kernkapital, was dazu führt, dass der mögliche Gesamtforderungsbetrag reduziert wird. Somit könnte das Kreditinstitut entsprechend weniger Kredite gewähren und würde seine Verdienstmöglichkeiten reduzieren.

69 Aus diesem Grunde ist die Kreditvergabepolitik deutlich restriktiver geworden und somit der Zugang zu neuem Kapital für viele Krankenhäuser deutlich schwieriger.

70 Die vorgenannten Rahmenbedingungen bilden im Wesentlichen die Ausgangssituation der deutschen Krankenhäuser ab. Der sich verschärfende Verdrängungswettbewerb, verbunden mit der Tendenz zu größeren Krankenhausverbünden sowie die unzureichende Investitionsförderung der öffentlichen Hand, zeigen die Notwendigkeit von weiteren Kapitalbeschaffungsmöglichkeiten deutlich auf. Es werden nur diejenigen am Markt bestehen, die neben der medizinischen und organisatorischen Leistungsfähigkeit, über hinreichende finanzielle Mittel zur Bewältigung der Herausforderungen verfügen.

71 Umso mehr ist es von Bedeutung, nach alternativen Finanzierungswegen zu suchen.

72 Ein möglicher Weg kann ein Börsengang sein. Diese Möglichkeit wird nun untersucht und in ihrem Ablauf beschrieben.

6 Welche Anforderungen sind beim Börsengang zu erfüllen?

Die höchste Anforderung für einen erfolgreichen Börsengang ist im vollumfänglichen Verständnis des Emittenten, bezogen auf das Gesamtvorhaben, zu sehen. Hierzu gehört auch die Akzeptanz einiger, nicht immer angenehmer oder bequemer Fakten. Ein Börsengang und die spätere Öffentlichkeitsarbeit lassen sich weder in kurzer Zeit, noch „nebenbei" erledigen. Die Hauptzielsetzung des Emittenten besteht in der Beschaffung von möglichst viel Eigenkapital bei einem möglichst geringen Verkauf von Unternehmensanteilen (Aktien). Dennoch handelt es sich um einen, zumindest teilweise, Unternehmensverkauf. Der Investor wird nur in das Unternehmen investieren, wenn es seine Renditeforderungen in Zukunft erfüllen kann. Gleichzeitig fordert er ein Mitbestimmungsrecht im Rahmen seiner gekauften Stimmrechte. Diese Grundprinzipien sollten vor weiterer Beschäftigung mit einem möglichen Börsengang verinnerlicht und akzeptiert sein. Ebenso muss klar sein, dass es im heutigen Management und in der heutigen Eigentümerstruktur in der Regel massive Veränderungen geben wird. Dieses liegt bereits in der gesetzlich vorgegebenen Organbildung einer Aktiengesellschaft begründet. Gleichzeitig sind die verschiedenen Interessenlagen aller Beteiligten zu verstehen, wodurch ein bestmögliches Ergebnis erzielt werden kann.

Diese sind in der nachfolgenden Tabelle dargestellt.

Tab. 13: Interessenslage der wichtigsten Akteure

Ziele	Management	Investor	Alteigentümer
Erzielung einer Rendite	xx	xxx	xx
Transparenz	x	xxx	xx
Mitbestimmung	xxx	xx	xxx
Managementstruktur	xxx	xxx	xx
Kompetenz des Managements	xx	xxx	xxx
Wachstumschancen	x	xxx	xxx
Eigentümerstruktur	xx	x	xxx
Dividendenzahlung	x	xxx	x

Quelle: Eigene Darstellung.

Wie bereits aus der Tabelle ersichtlich wird, legt der Investor großes Augenmerk auf zukünftige Wachstumschancen des Unternehmens. Diese Forderung impliziert auch den Gedanken, dass zukünftige Aktionäre weniger daran interessiert sind, dass die eingebrachten Mittel, die dem Unternehmen dann als Eigenkapital zur Verfügung stehen, vorrangig zur Unternehmenssanierung verwendet werden. Eine Börseneinführung wird nur Erfolg haben, wenn bereits heute eine angemessene Rendite nebst einer tragfähigen Vermögensstruktur gegeben ist. Um dieses zu beurteilen, reichen die klassischen Jahresabschlüsse auf der Grundlage der Vorschriften des Handelsgesetzbuches (HGB) nicht aus. Das Unternehmen muss zuvor den regulatorisch vorgegebenen Regeln der „International Financial Reporting Standards – IFRS" folgen und seine Rechnungslegung auf diese Standards umstellen.

76   Wie bereits erwähnt, ist der Wegfall der Gemeinnützigkeit ebenfalls bereits in die ersten grundsätzlichen Überlegungen einzubeziehen.

77   Im Gegensatz zu klassischen Unternehmen verschiedener Branchen ist die Krankenhauslandschaft oftmals durch die steuerliche Gemeinnützigkeit geprägt. Unter gemeinnützig versteht man ein Verhalten einer Körperschaft, welches dem Allgemeinwohl dient. Die steuerliche Anerkennung dieser Zwecke ist in § 52 der Abgabenordnung (AO) abschließend aufgezählt. Hierzu zählen auch die Krankenhäuser, sofern wirtschaftliche Interessen nicht im Mittelpunkt der Tätigkeit stehen. Für diesen Fall sieht die Abgabenordnung in den Regelungen der §§ 61 bis 64 sogar den Entzug der Anerkennung der Gemeinnützigkeit vor. Zwar ist die Tätigkeit der Patientenbehandlung in sich genommen immer noch gemeinnützig, also dem Allgemeinwohl dienend, aber die Zielsetzung besteht in einer börsennotierten Unternehmung grundsätzlich in der Gewinnerzielungsabsicht der unternehmerischen Tätigkeit. Somit scheidet die Gemeinnützigkeit und mit ihr die Begünstigung bei Ertragssteuern und Vermögenssteuern bei einer kapitalmarktorientierten Unternehmung aus. Die Aufgabe oder Aberkennung der Gemeinnützigkeit kann für das Krankenhaus massive wirtschaftliche Folgen mit sich bringen, erwähnt sei hier beispielsweise die mögliche Nachversteuerung der eventuell erzielten Jahresüberschüsse. Hier ist eine Nachveranlagung von maximal 10 Jahren vorgesehen. Somit sollte vor weiteren Überlegungen möglichst frühzeitig eine Abschätzung der möglichen Belastung durch eine Wirtschaftsprüfungsgesellschaft erfolgen.

6.1   Grundsätzliche Börsenreife

78   Parallel ist die grundsätzliche börsenreife des Unternehmens zu prüfen und abzuschätzen.

79   Die wichtigsten Kriterien können der nachfolgenden Aufzählung entnommen werden:

- Es wird bereits vor dem Börsengang eine Mindestrendite ≥ 4 % erzielt
- Solide Vermögensstruktur ist vorhanden
- Kompetentes Management ist vorhanden
- Marktwachstum ist gegeben
- Business Planung ist transparent und nachvollziehbar
- Effizientes und fähiges Rechnungswesen und Controlling ist vorhanden
- Mindest-Unternehmenswert von 1,25 Mio. (General Standard) ist vorhanden
- Akzeptable Streubesitzquote (mindestens 25 % im General Standard) wird erreicht
- Wettbewerbsvorteile können aufgezeigt werden

6.2 Wahl des Börsensegmentes

Die weiteren Ausführungen setzen eine angestrebte Notierung im General Standard der Frankfurter Wertpapierbörse voraus und beschreiben die Zulassungsvoraussetzungen sowie die damit verbundenen Folgepflichten. Dieses geschieht vor dem Hintergrund, dass dieses Segment für alle mittleren und großen Unternehmen geeignet ist, Kapital im nationalen Markt zu generieren. Hierin dürfte auch die Hauptzielgruppe potenzieller Investoren zu sehen sein. Eine Notierung im Prime Standard wäre deutlich aufwendiger. Ebenso stellt der General Standard ein kostengünstiges Marktsegment, insbesondere im Hinblick auf jährliche Notierungsgebühren, dar.

Tab. 14: Zulassungsvoraussetzungen im General Standard

Zulassungsvoraussetzungen	Folgepflichten
Gültiger und gebilligter Wertpapierprospekt	Ad-hoc Publizität
Berichtshistorie von mindestens 3 Jahren	Veröffentlichung des Jahresfinanzberichts innerhalb von 4 Monaten nach Ende des Berichtszeitraumes
Voraussichtlicher Kurswert von mindestens 1,25 Mio. EUR	
Mindestens 10.000 zuzulassende Aktien vorhanden	Veröffentlichung des Halbjahresfinanzberichts innerhalb von 3 Monaten nach Ende des Berichtzeitraumes
Streubesitz von mindestens 25 %	
Zulassungsantrag durch das Unternehmen und ein zugelassenes Wertpapierdienstleistungsunternehmen	Mitteilung zu Meldeschwellen
	Pflichtangebot bei Kontrollwechsel
	Rechnungslegung nach IFRS- Regeln

Quelle: Deutsche Börse 2018.

Bereits hier ist zu erkennen, dass der Börsengang eine hohe Komplexität aufweist und in der Regel nicht ohne zusätzliches qualifiziertes Personal durchzuführen ist. Der Schulungsaufwand z. B. bei Umstellung des Rechnungswesens auf IFRS-Standards darf ebenfalls weder inhaltlich noch zeitlich unterschätzt werden. Nachdem diese grundsätzlichen Erwägungen abgeschlossen sind, kann nun mit der konkreten Vorbereitung des Börsengangs begonnen werden.

6.3 Konkrete Vorbereitung des Börsenganges

82 Der Kapitalzufluss aus der Börsenemission hängt insbesondere von folgenden Faktoren ab:

- Unternehmenswert
- Bilanzanalyse
- Bonität/Rating

83 Bereits hier sei angemerkt, dass die Ermittlung des Unternehmenswertes sicherlich die anspruchsvollste und komplexeste Herausforderung darstellt.

84 Hierzu gibt es eine Reihe unterschiedlicher Verfahren, die auch zu unterschiedlichen Bewertungen gelangen. Dies ist zum Teil bereits den Anlässen und den Zielsetzungen der Unternehmensbewertung geschuldet. Zur Bewertung von börsennotierten Unternehmen hat sich in der Praxis jedoch das Discounted Cash Flow-Verfahren herausgebildet. Hierbei handelt es sich um ein Verfahren, welches die zukünftigen Einzahlungsüberschüsse bewertet. Der hier verwendete WACC (Weighted Costs Of Capital) legt hierzu die geplanten Free Cash Flows für die Bewertung zugrunde. Diese Größe berücksichtigt alle Zahlungsströme des Unternehmens und gibt Auskunft darüber, wie viele Geldmittel dem Unternehmen tatsächlich zur Verfügung stehen. Der Free Cash Flow wird auch häufig von Kreditinstituten zur Berechnung der Debt Capacity (maximaler Kreditrahmen) verwendet. Hierauf wird an späterer Stelle noch eingegangen.

85 Zunächst gibt die Ermittlung des aktuellen Free Cash Flows einen ersten Anhaltspunkt darüber, ob generell ein positiver Unternehmenswert zu erzielen ist. Im zweiten Schritt sind die Free Cash Flows für einen zukünftigen Zeitraum zu planen und dienen dann als Grundlage für die Unternehmensbewertung.

86 In dieser Arbeit wurde ein möglicher Klinikverbund simuliert und dient nun fortlaufend zur Analyse der Marktchancen in Bezug auf einen möglichen Börsengang.

6.4 Ermittlung der Free Cash Flows

Tab. 15: Berechnung der aktuellen Free Cash Flows

	Klinik A Geschäftsjahr	Klinik B Geschäftsjahr	Klinik C Geschäftsjahr	Klinik D Geschäftsjahr	Klinik E Geschäftsjahr	Verbund-simulation
Jahresüberschuss	10.000.000	1.500.000	3.900.000	300.000	2.000.000	17.700.000
+ Abschreibungen auf Vermögenswerte des Anlagevermögens	12.000.000	6.700.000	5.200.000	3.200.000	4.400.000	31.500.000
– Zuschreibungen auf Vermögenswerte des Anlagevermögens	0	0	0	0	0	0
+ Sonstige zahlungsunwirksame Aufwendungen	0	0	0	0	0	0
– sonstige zahlungsunwirksame Erträge	4.000.000	0	4.000.000	0	0	8.000.000
+ Zinsaufwendungen (ohne Pensionsverpflichtung)	500.000	1.500.000	1.100.000	160.000	750.000	4.010.000
– Gewinn aus Abgängen von Vermögenswerten des Anlagevermögens	0	100.000	0	0	0	100.000
+ Verlust aus Abgängen von Vermögenswerten des Anlagevermögens	0	0	2.000	0	0	2.000
– Zunahme der Vorräte	1.000.000	0	2.300.000	280.000	0	3.580.000
+ Abnahme der Vorräte	0	200.000	0	0	70.000	270.000
– Zunahme der Forderungen	1.000.000	700.000	0	2.500.000	900.000	5.100.000
+ Abnahme der Forderungen	0	0	0	0	0	0
+ Zunahme der Rückstellungen	0	1.000.000	500.000	0	600.000	2.100.000
– Abnahme der Rückstellungen	1.400.000	0	0	20.000	0	1.420.000
+ Zunahme der Verbindlichkeiten (ohne Finanzschulden)	2.600.000	1.000.000	500.000	160.000	1.000.000	5.260.000

Ermittlung der Free Cash Flows

Tab. 15: *(Fortsetzung)*

	Klinik A Geschäftsjahr	Klinik B Geschäftsjahr	Klinik C Geschäftsjahr	Klinik D Geschäftsjahr	Klinik E Geschäftsjahr	Verbundsimulation
- Abnahme der Verbindlichkeiten ohne Finanzschulden	0	0	0	0	0	0
= **Cash Flow aus operativer Tätigkeit**	17.700.000	11.100.000	4.902.000	1.020.000	7.920.000	42.642.000
+ Einzahlungen aus Abgängen des Sachanlagevermögens	30.000	0	0	0	0	30.000
+ Einzahlungen aus Abgängen von Finanzanlagen	0	0	0	0	0	0
- Auszahlungen für Investitionen ins Sachanlagevermögen	6.000.000	4.000.000	7.500.000	1.900.000	12.000.000	31.400.000
- Auszahlungen für Investitionen in Finanzanlagen sowie für an Dritte gewährte Darlehen	0	0	0	0	0	0
= Cash Flow aus Investitionstätigkeit	-5.970.000	-4.000.000	-7.500.000	-1.900.000	-12.000.000	-31.370.000
Operativer Cash Flow - Cash Flow Investitionstätigkeit = Free Cash Flow	11.730.000	7.100.000	-2.598.000	-880.000	-4.080.000	11.272.000

Quelle: Eigene Darstellung.

Ermittlung der Free Cash Flows

Tab. 16: Berechnung der Free Cash Flows für den Klinikverbund

	Klinikverbund Jahr 1	Klinikverbund Jahr 2	Klinikverbund Jahr 3	Klinikverbund Jahr 4	Klinikverbund Jahr 5	Klinikverbund ab Jahr 5
Jahresüberschuss	17.700.000	17.700.000	17.700.000	17.700.000	17.700.000	17.700.000
+ Abschreibungen auf Vermögenswerte des Anlagevermögens	31.500.000	31.500.000	31.500.000	31.500.000	31.500.000	31.500.000
– Zuschreibungen auf Vermögenswerte des Anlagevermögens	0	0	0	0	0	0
+ Sonstige zahlungsunwirksame Aufwendungen	0	0	0	0	0	0
– sonstige zahlungsunwirksame Erträge	8.000.000	8.000.000	8.000.000	8.000.000	8.000.000	8.000.000
+ Zinsaufwendungen (ohne Pensionsverpflichtung)	4.010.000	4.010.000	4.010.000	4.010.000	4.010.000	4.010.000
– Gewinn aus Abgängen von Vermögenswerten des Anlagevermögens	100.000	100.000	100.000	100.000	100.000	100.000
+ Verlust aus Abgängen von Vermögenswerten des Anlagevermögens	2.000	2.000	2.000	2.000	2.000	2.000
– Zunahme der Vorräte	3.580.000	3.580.000	3.580.000	3.580.000	3.580.000	3.580.000
+ Abnahme der Vorräte	270.000	270.000	270.000	270.000	270.000	270.000
– Zunahme der Forderungen	5.100.000	5.100.000	5.100.000	5.100.000	5.100.000	5.100.000
+ Abnahme der Forderungen	0	0	0	0	0	0
+ Zunahme der Rückstellungen	2.100.000	2.100.000	2.100.000	2.100.000	2.100.000	2.100.000
– Abnahme der Rückstellungen	1.420.000	1.420.000	1.420.000	1.420.000	1.420.000	1.420.000
+ Zunahme der Verbindlichkeiten (ohne Finanzschulden)	5.260.000	5.260.000	5.260.000	5.260.000	5.260.000	5.260.000
– Abnahme der Verbindlichkeiten ohne Finanzschulden						
= **Cash Flow aus operativer Tätigkeit**	**42.642.000**	**42.642.000**	**42.642.000**	**42.642.000**	**42.642.000**	**42.642.000**

Ermittlung der Free Cash Flows

Tab. 16: *(Fortsetzung)*

	Klinikverbund Jahr 1	Klinikverbund Jahr 2	Klinikverbund Jahr 3	Klinikverbund Jahr 4	Klinikverbund Jahr 5	Klinikverbund ab Jahr 5
+ Einzahlungen aus Abgängen des Sachanlagevermögens	30.000	30.000	30.000	30.000	30.000	30.000
+ Einzahlungen aus Abgängen von Finanzanlagen	0	0	0	0	0	0
- Auszahlungen für Investitionen ins Sachanlagevermögen	31.400.000	32.672.000	34.672.000	32.672.000	33.672.000	32.072.000
-Auszahlungen für Investitionen in Finanzanlagen sowie für an Dritte gewährte Darlehen						
= Cash Flow aus Investitionstätigkeit	-31.370.000	-32.642.000	-34.642.000	-32.642.000	-33.642.000	-32.042.000
Operativer Cash Flow - Cash Flow aus Investitionstätigkeit = Free Cash Flow	**11.272.000**	**10.000.000**	**8.000.000**	**10.000.000**	**9.000.000**	**10.600.000**

Quelle: Eigene Darstellung.

Obgleich die Free Cash Flows innerhalb des Planungszeitraumes schwankend sind, werden durchgängig positive Werte erzielt. Somit wird sich auch im Rahmen der Unternehmensbewertung ein positiver Unternehmenswert ergeben.

Wie bereits an früherer Stelle erwähnt haben potenzielle Investoren (Käufer der einzuführenden Aktien) wenig Interesse daran, dass der Mittelzufluss des Börsengangs vom Unternehmen vollständig oder zu großen Teilen zur Unternehmenssanierung verwendet wird. Hierdurch kann kaum Wachstum erzielt werden, somit würde die „Phantasie" für die Zukunft fehlen.

Aus diesem Grund sollte im nächsten Schritt festgelegt werden, wieviel Kapital für die Sanierung, beispielsweise Beseitigung des Instandhaltungsstaus und Aufwendungen für die anstehende Digitalisierung benötigt wird und wieviel Mittel dann noch für die vorbörslich notwendige Kapitalerhöhung zur Verfügung stehen. Ziel sollte es sein, diese Mittel aus eigener Finanzierungskraft, auch unter Aufnahme von Fremdkapital darstellen zu können. Alternative Finanzierungsquellen, wie z. B. Mezzanines Kapital oder Trägerzuschüsse sind in die Überlegungen einzubeziehen. Alternative Finanzierungsquellen werden noch im Detail vorgestellt und bewertet.

Folgende Prämissen wurden nun für den Beispielverbund zugrunde gelegt:
- Die in der Ermittlung der Free Cash Flows dargestellten Mittelabflüsse zur Investitionsfinanzierung decken nur den laufenden Bedarf ab.
- Der Investitionsstau und die Umsetzung der Digitalisierung wird mit 57,5 Mio. EUR berücksichtigt und spiegelt den in der Einleitung bezifferten Investitionsbedarf in Höhe von 11,5 Mio. EUR (Durchschnitt über alle Krankenhäuser) ab.
- Fördermittel bleiben generell unberücksichtigt.

6.5 Berechnung der Verschuldungsgrenze (Debt Capacity)

Die Debt Capacity leitet sich aus den Free Cash Flows ab und berücksichtigt, dass die Kreditmittel in ca. 7 Jahren aus den Free Cash Flows vollständig getilgt werden können. In unserem Beispiel wurde zu deren Berechnung ein Annuitätendarlehen mit 7-jähriger Laufzeit und einem Zinssatz von 3 % angenommen.

Es zeigt sich, dass der Klinikverbund maximal zusätzliche Kreditmittel in Höhe von 67,7 Mio. EUR generieren kann, allerdings ist auch zu sehen, dass drei der Kliniken ihre rechnerische Verschuldungsgrenze bereits heute erreicht haben. Somit beschränken sich die Möglichkeiten der Fremdkapitalbeschaffung auf die erwirtschafteten Free Cash Flows von lediglich zwei Kliniken.

Ermittlung der Free Cash Flows

Tab. 17: Berechnung der Debt Capacity des Klinikverbundes

	Klinik A Geschäftsjahr	Klinik B Geschäftsjahr	Klinik C Geschäftsjahr	Klinik D Geschäftsjahr	Klinik E Geschäftsjahr	Verbundsimulation
Jahresüberschuss	10.000.000	1.500.000	3.900.000	300.000	2.000.000	17.700.000
Cash Flow aus operativer Tätigkeit	17.700.000	11.100.000	4.902.000	1.020.000	7.920.000	42.642.000
Cash Flow aus Investitionstätigkeit	−5.970.000	−4.000.000	−7.500.000	−1.900.000	−12.000.000	−31.370.000
Operativer Cash Flow − Cash Flow aus Investitionstätigkeit = Free Cash Flow	11.730.000	7.100.000	−2.598.000	−880.000	−4.080.000	11.272.000
Debt Capacity bei 3 % Zins und 7 jähriger Tilgung (Annuitätendarlehen)	74.000.000	44.000.000	0	0	0	118.000.000
Abzüglich bestehender Bankenkredite	8.900.000	41.400.000	27.000.000	4.200.000	11.600.000	93.100.000
Maximale Neuverschuldungsgrenze	65.100.000	2.600.000	0	0	0	67.700.000

Quelle: Eigene Darstellung.

Als Zwischenfazit kann dennoch festgehalten werden, dass die Verschuldungs- 93
möglichkeiten ausreichen, um den Klinikverbund zu sanieren. Damit steht der
Mittelzufluss aus dem Börsengang tatsächlich für weiteres Wachstum zur Verfügung. Somit ist eine weitere wesentliche Voraussetzung erfüllt.

Wie bereits zu Beginn des Kapitels erwähnt wurde, ist die Bilanzanalyse ein 94
weiterer wichtiger Faktor für einen erfolgreichen Börsengang. Dies liegt darin
begründet, dass ein Investor sein Kapital möglichst ohne große Risiken anlegen
will. Aus diesem Grund sollten bereits jetzt die wesentlichen Kennzahlen
gebildet und untersucht werden. So lassen sich auch eventuelle Handlungsbedarfe erkennen und die notwendige Zeit zur Börsenreife kann besser abgeschätzt werden.

7 Kennzahlen der Ertrags- und Vermögenslage

Um einen Eindruck der Vermögens- und Ertragssituation zu erhalten, werden folgende Kennzahlen analysiert und erläutert:

- Dynamischer Verschuldungsgrad
- Statischer Verschuldungsgrad
- Anlagenintensität
- Intensität des Umlaufvermögens
- Goldene Finanzierungsregel
- Goldene Bilanzregel
- Liquidität 1. Grades
- Liquidität 2. Grades
- Umsatzrentabilität
- Eigenkapitalrentabilität
- Gesamtkapitalrentabilität

Die notwendigen Berechnungsgrößen werden der nachstehenden Tabelle entnommen.

Besonderes Augenmerk ist auf die Eigenkapitalrendite zu legen. Diese liegt mit 8,55 % deutlich zu niedrig. Anders ausgedrückt, wird zu viel Eigenkapital im Verhältnis zum erzielten Jahresüberschuss eingesetzt. Mit mehr als 68 % wird der in der Literatur beschriebene Anteil von maximal 50 % deutlich überschritten. Der Durchschnitt der Eigenkapitalquote in deutschen Unternehmen beträgt ca. 40 %.

Somit erscheint es sinnvoll, zu prüfen, ob eine Herabsetzung des Eigenkapitals, beispielsweise durch Ausschüttung an die Gesellschafter bei gleichzeitigem Ersatz des Ausschüttungsbetrages durch Fremdkapital, die Eigenkapitalrentabilität steigern würde. Die besonderen Vorschriften zur Ausschüttung bei vorliegender Gemeinnützigkeit sind selbstverständlich zu beachten.

Dieses ist dann der Fall, wenn die Gesamtkapitalrentabilität höher ist als der Zinssatz für Fremdkapital. Hier bietet sich dann eine Leverage Chance. Allerdings kann diese Möglichkeit durch die Erreichung der Debt Capacity (Verschuldungsgrenze) eingeschränkt werden.

In unserem Klinikverbund wäre lediglich die Klinik A in der Lage, die Eigenkapitalrentabilität signifikant von 10,87 % auf 17,35 % zu steigern, was bei einer ausgewiesenen Eigenkapitalquote von heute über 90 % sinnvoll erscheint. Für den Gesamtverbund würde sich hierdurch die Eigenkapitalrentabilität ebenfalls um ca. 2,4 % verbessern. Kritisch ist zu sehen, dass die anderen Kliniken rechnerisch ihre Debt Capacity erreicht haben.

Die analysierten Kennzahlen berücksichtigen bereits die Umsetzung der Änderung der Kapitalstruktur zur Steigerung der Eigenkapitalrentabilität.

Kennzahlen der Ertrags- und Vermögenslage

Tab. 18: Grundlagen zur Jahresabschlussanalyse des Klinikverbunds

	Klinik A Geschäftsjahr	Klinik B Geschäftsjahr	Klinik C Geschäftsjahr	Klinik D Geschäftsjahr	Klinik E Geschäftsjahr	Verbund-simulation
Jahresüberschuss	10.000.000	1.500.000	3.900.000	300.000	2.000.000	17.700.000
Cash Flow aus operativer Tätigkeit	17.700.000	11.100.000	4.902.000	1.020.000	7.920.000	42.642.000
Cash Flow aus Investitionstätigkeit	-5.970.000	-4.000.000	-7.500.000	-1.900.000	-12.000.000	-31.370.000
Operativer Cash Flow – Cash Flow aus Investitionstätigkeit = Free Cash Flow	11.730.000	7.100.000	-2.598.000	-880.000	-4.080.000	11.272.000
Debt Capacity bei 3 % Zins und 7-jähriger Tilgung (Annuitätendarlehen)	74.000.000	44.000.000	0	0	0	118.000.000
Abzüglich bestehender Bankenkredite	8.900.000	41.400.000	27.000.000	4.200.000	11.600.000	93.100.000
Maximale Neuverschuldungsgrenze	65.100.000	2.600.000	0	0	0	67.700.000
Umsatzerlöse	266.000.000	139.000.000	171.000.000	71.500.000	112.000.000	759.500.000
Jahresüberschuss	10.000.000	1.500.000	3.900.000	300.000	2.000.000	17.700.000
Langfristige Verbindlichkeiten	8.900.000	41.400.000	27.000.000	4.200.000	11.600.000	93.100.000
Zinsaufwand für langfristige Verbindlichkeiten	500.000	1.500.000	1.100.000	160.000	750.000	4.010.000
Eigenkapital	92.000.000	41.800.000	15.800.000	14.300.000	43.200.000	207.100.000
Gesamtkapital	100.900.000	83.200.000	42.800.000	18.500.000	54.800.000	300.200.000
Gesamtkapitalrendite	10,41	3,61	11,68	2,49	5,02	7,23
EK-Rentabilität	10,87	3,59	24,68	2,10	4,63	8,55
Zinssatz in % für Fremdkapital Annahme	4,00	4,00	4,00	4,00	4,00	4,00
EK Quote	91,18	50,24	36,92	77,30	78,83	68,99
Zielwert in %	50,00	50,00	50,00	50,00	50,00	50,00
Zielwert absolut	50.450.000	41.600.000	21.400.000	9.250.000	27.400.000	150.100.000
Ausschüttungspotenzial	41.550.000	200.000	0	0	0	41.750.000

Kennzahlen der Ertrags- und Vermögenslage

	Klinik A Geschäftsjahr	Klinik B Geschäftsjahr	Klinik C Geschäftsjahr	Klinik D Geschäftsjahr	Klinik E Geschäftsjahr	Verbund-simulation
Ersatz zur Erhaltung des Gesamtkapitals	41.550.000	200.000	0	0	0	41.750.000
Ergebnisschmälerung durch Zinsaufwand bei 3 % Zinssatz	1.246.500	6.000	0	0	0	1.252.500
Jahresüberschuss neu	8.753.500	1.494.000	3.900.000	300.000	2.000.000	16.447.500
Langfristige Verbindlichkeiten	50.450.000	41.600.000	27.000.000	4.200.000	11.600.000	134.850.000
Zinsaufwand für langfristige Verbindlichkeiten	1.746.500	1.506.000	1.100.000	160.000	750.000	5.262.500
Eigenkapitalrendite neu	17,35	3,59	24,68	2,10	4,63	10,96
Gesamtkapital	100.900.000	83.200.000	48.400.000	13.450.000	39.000.000	284.950.000
Debt Capacity	74.000.000	44.000.000	0	0	0	118.000.000
Differenz	23.550.000	2.400.000	0	0	0	25.950.000
Realisierbare EK-Rendite unter Berücksichtigung Debt Capacity	17,35	3,59	24,68	2,10	4,63	9,95
Liquide Mittel	34.500.000	3.100.000	9.700.000	1.000.000	13.070.000	61.370.000
kurzfristige Verbindlichkeiten	12.700.000	10.800.000	15.700.000	6.900.000	5.724.000	51.824.000
Anlagevermögen	127.000.000	106.222.460	70.200.000	29.400.000	45.100.000	377.922.460
Umlaufvermögen	77.575.000	25.530.000	35.157.000	23.000.000	33.375.535	194.637.535
Gesamtvermögen	204.575.000	131.752.460	105.357.000	52.400.000	78.475.535	572.559.995
Forderungen	33.700.000	13.200.000	17.800.000	10.900.000	13.700.000	89.300.000

Quelle: Eigene Darstellung.

7.1 Dynamischer Verschuldungsgrad

104 Der dynamische Verschuldungsgrad gibt an, wie viele Jahre es dauern würde, bis ein Unternehmen, sofern es den gesamten Cash Flow zur Schuldentilgung verwenden würde, benötigen würde, um seine Schulden zu tilgen. Somit lässt diese Kennzahl einen Rückschluss auf die Innenfinanzierungskraft des Unternehmens zu und zeigt in dieser Ausarbeitung, dass der Klinikverbund insgesamt mit einer Dauer von 2,94 Jahren den betriebswirtschaftlichen Anforderungen entspricht. Kritisch anzumerken ist, dass dieser Umstand von lediglich zwei Kliniken getragen wird.

7.2 Statischer Verschuldungsgrad

105 Diese Kennzahl setzt das Fremd- und Eigenkapital in Relation und gibt Auskunft über die Finanzierungsstruktur des Unternehmens. Sie kann auch als Grundlage zur Identifikation einer möglichen Steigerung der Eigenkapitalrendite genutzt werden. Je höher diese Kennzahl ausfällt, desto stärker ist das Unternehmen von Banken abhängig.

7.3 Anlagenintensität

106 Hier wird der Anteil des Anlagevermögens am Gesamtvermögen ermittelt. Da das Anlagevermögen dem Unternehmen dauerhaft zur Verfügung steht, ist hier auch langfristig Kapital gebunden. Nach Möglichkeit sollte das Anlagevermögen ganz oder zumindest in hohen Anteilen durch Eigenkapital finanziert sein. Durch Zinsaufwand und Abschreibungen fallen Fixkosten an, die bei Beschäftigungsschwankungen oft nicht mehr gedeckt werden können. Je höher diese Kennzahl ausfällt, desto anfälliger wird das Unternehmen in Krisenzeiten. Der Klinikverbund überschreitet den Richtwert von maximal 65 % nur geringfügig.

7.4 Intensität des Umlaufvermögens

107 Diese Kennzahl setzt das Umlaufvermögen und das Gesamtvermögen in Relation. In der Regel weist diese Kennzahl folgende Merkmale auf:

- Kurzfristige Kapitalbindung
- Geringe Abschreibungen
- Geringe Kostenremanenz

In der Regel wird eine hohe Quote als positiv betrachtet, besonderes Augenmerk ist bei der Interpretation jedoch auf den Forderungsbestand (Forderungsmanagement) und auf eventuell zu hohe Lagerbestände zu legen. Der Klinikverbund verfehlt den unteren Richtwert nur knapp.

7.5 Goldene Finanzierungsregel

Diese Regel besagt, dass langfristiges Kapital auch langfristig finanziert sein sollte. Hier ist es nicht erheblich, ob die Finanzierung aus Eigenkapital oder Fremdkapital stammt, da beide Kapitalbestandteile dem Unternehmen langfristig zur Verfügung stehen. Mit dem Wert von 0,75 unterschreitet der Klinikverbund die maximal „zulässige" Größe deutlich.

7.6 Goldene Bilanzregel

Auch hier wird untersucht, ob das langfristige Vermögen auch langfristig finanziert ist. Hierzu setzt man das Eigenkapital ins Verhältnis zum Anlagevermögen. Das Ergebnis sollte mindestens 1 betragen. Diese Anforderung erfüllt der Klinikverbund.

7.7 Liquidität 1. Grades

Die Liquidität 1. Grades setzt die flüssigen Mittel und die kurzfristigen Verbindlichkeiten in Relation zueinander. Da ein Unternehmen in der Regel neben den flüssigen Mitteln zum Beispiel durch Begleichung bestehender Forderungen sehr kurzfristig weitere Mittel generieren kann, ist es nicht erforderlich, dass alle kurzfristigen Verbindlichkeiten über die „flüssigen Mittel" abgedeckt werden können. Die Liquidität 1. Grades sollte ca. 30 % betragen. Hier hält der Klinikverbund eine Liquidität in Höhe von 118 % vor.

7.8 Liquidität 2. Grades

Hier sind zusätzlich zur Liquidität 1. Grades noch die kurzfristigen Forderungen zu berücksichtigen. Der Zielwert beträgt ca. 120 %. Der Klinikverbund hält mit 290 % annähernd den 2,5- fachen Liquiditätsbedarf vor. Dieses ist negativ zu werten, da das Geld nicht für das Unternehmen arbeitet.

7.9 Umsatzrentabilität

Die Renditeforderungen an einen Emittenten wurden bereits an früherer Stelle erläutert. Mit 2,17 % verfehlt der Klinikverbund diese Anforderung erheblich.

Dennoch zeigt sich, dass die Klinik A dem Renditeziel bereits heute sehr nahe kommt und als Benchmark für Restrukturierungsmaßnahmen dienen sollte. Im Weiteren wird davon ausgegangen, dass die im Verbund zu erzielenden Synergieeffekte eine Zielerreichung ermöglichen.

7.10 Zwischenfazit

114 Die Gesamtwürdigung der Kennzahlen zeigt, dass die meisten Zielsetzungen bereits heute erreicht werden oder in naher Zukunft erreicht werden können. Hierbei ist kritisch anzumerken, dass die wesentlichen Kennzahlen in der Regel von nur zwei Kliniken getragen werden. Somit ist es dennoch dringend geboten, Restrukturierungsmaßnahmen einzuleiten und konsequent umzusetzen.

115 Der Fokus ist hierbei insbesondere auf die Steigerung der Cash Flows zu legen, deren Grundlage jedoch der Jahresüberschuss ist. Eine Steigerung der Free Cash Flows bringt eine überproportionale Steigerung des Unternehmenswertes mit sich.

116 Die einzelnen Bilanzkennzahlen können der folgenden Tabelle entnommen werden:

Tab. 19: Darstellung und Bewertung wesentlicher Bilanzkennzahlen

	Klinik A Geschäftsjahr	Klinik B Geschäftsjahr	Klinik C Geschäftsjahr	Klinik D Geschäftsjahr	Klinik E Geschäftsjahr	Verbund-simulation
Dynamischer Verschuldungsgrad	1,62	4,44	6,73	9,90	0,54	2,94
Richtwert	≤ 3,5	≤ 3,5	≤ 3,5	≤ 3,5	≤ 3,5	≤ 3,5
Bewertung	✓	✗	✗	✗	✓	✓
Statischer Verschuldungsgrad	30,87	39,77	40,53	21,18	22,08	32,60
Richtwert	max. 200 %	max. 200 %	max. 200 %	max. 200 %	max. 200 %	max. 200 %
Bewertung	✓	✓	✓	✓	✓	✓
Anlagenintensität in %	62,08	80,62	66,63	56,11	57,47	66,01
Richtwert	max. 65 %	max. 65 %	max. 65 %	max. 65 %	max. 65 %	max. 65 %
Bewertung	✓	✗	✗	✓	✓	✗
Intensität des Umlaufvermögens	37,92	19,38	33,37	43,89	42,53	33,99
Richtwert	min. 35 %	min. 35 %	min. 35 %	min. 35 %	min. 35 %	min. 35 %
Bewertung	✓	✗	✓	✓	✓	✗
Goldene Finanzierungsregel	0,79	0,78	0,69	0,46	0,86	0,75
Richtwert	≥ 0,80	≥ 0,80	≥ 0,80	≥ 0,80	≥ 0,80	≥ 0,80
Bewertung	✓	✓	✓	✓	✓	✓
Goldene Bilanzregel	1,30	3,26	1,38	0,58	1,17	1,46
Richtwert	≥ 1	≥ 1	≥ 1	≥ 1	≥ 1	≥ 1
Bewertung	✓	✓	✓	✗	✓	✓
Liquidität 1. Grades	271,65	28,70	61,78	14,49	228,34	118,42
Richtwert	30%	30%	30%	30%	30%	30%
Bewertung	✗	✗	✗	✗	✗	✗
Liquidität 2. Grades	537,01	150,93	175,16	172,46	467,68	290,73
Richtwert	≥ 120 %	≥ 120 %	≥ 120 %	≥ 120 %	≥ 120 %	≥ 120 %
Bewertung	✓	✓	✓	✓	✓	✓
Umsatzrentabilität in %	3,29	1,07	2,28	0,42	1,79	2,17
Richtwert	4%	4%	4%	4%	4%	4%
Bewertung	✗	✗	✗	✗	✗	✗

Quelle: Eigene Darstellung.

8 Ermittlung des Unternehmenswertes

Im nächsten Schritt ist nun der Unternehmenswert zu ermitteln. Da dieser über die spätere Marktkapitalisierung entscheidet, kommt dieser Aufgabe eine besondere Bedeutung zu. Gleichzeitig ist dieser Schritt wohl auch der anspruchsvollste, schließlich ist der errechnete Unternehmenswert die Grundlage zur Preisfindung der Aktien. Wird der Unternehmenswert zu hoch angesetzt, werden sich vermutlich nur wenige Investoren für den angebotenen Wert interessieren, wird er hingegen zu niedrig angesetzt, werden Werte quasi verschenkt. Dann würde dem Klinikverbund weniger Eigenkapital zufließen, als es gerechtfertigt wäre. Der ermittelte Unternehmenswert wird ebenfalls einen Anhaltspunkt darüber geben, ob das bei einem Börsengang zu erzielende Eigenkapital ausreichen wird den Wachstumsbedarf der Zukunft zu sichern oder ob noch weitere, vielleicht vorgelagerte Maßnahmen zur Kapitalbeschaffung erforderlich sind.

Leider gibt es nicht einen einzigen feststehenden Unternehmenswert. Dieses verdeutlicht auf anschauliche Weise ein Zitat von Warren Buffet: „Price is what you pay. Value is what you get."

Wie bei allen Wirtschaftsgütern haben Käufer und Verkäufer unterschiedliche Vorstellungen von Preisen und Werten. Somit kann jede Unternehmensbewertung nur eine Grundlage zur Verhandlung über den letztlichen Preis bieten. Im Rahmen eines Börsenganges spricht man hier vom „Bookbuilding Verfahren".

Um den Hintergrund und die Grenzen der Aussagefähigkeit des ermittelten Unternehmenswertes zu verstehen, ist es erforderlich sich mit den theoretischen Grundlagen zu beschäftigen.

Laut Peemöller[1] bestehen die wesentlichen Anforderungen einer Unternehmensbewertung in:

- Zukunftsbezogenheit (nur künftige Erfolgsbeiträge werden bezahlt)
- Nutzenbewertung
- Chancen und Risiken sollen berücksichtigt werden (es ist also mit Prognoseverfahren zu arbeiten)
- Investorenbezug (nur die Sichtweise eines Investors schafft einen relevanten Wert)

Es soll also ein Wert ermittelt werden. Um dieses zu erreichen, ist zunächst für die zugrunde liegende Arbeit der Begriff „Wert" zu beschreiben. Hier wird ausschließlich vom ökonomischen Wert ausgegangen, ethische Werte beispielsweise sind in allen Betrachtungen nicht enthalten.

---

1 Vergleiche hierzu: Peemöller (Hrsg.): Praxishandbuch der Unternehmensbewertung. 4. Aufl. 2009.

124 Der ökonomische Wert ergibt sich aus laut Peemöller[2] aus zwei Grundtatbeständen des Wirtschaftens:

- Unbegrenztheit menschlicher Bedürfnisse,
- Knappheit der Güter, die zur Bedürfnisbefriedigung zur Verfügung stehen.

125 Der ökonomische Wert kann sich ergeben aus

- dem Gebrauchswert eines Gegenstands (Unternehmen),
- dem Tauschwert,
- dem Ertragswert.

126 Bei einem Unternehmen handelt es sich um eine organisatorische Einheit, die Güter oder Dienstleistungen herstellt und damit einen Ertrag erzielt. Diese Erträge sind abhängig von der Absatzentwicklung oder der Nutzungsdauer der Maschinen mit denen sie hergestellt werden. Sie sind demnach zukunftsbezogen. Aus diesem Grund hat sich auch die Auffassung durchgesetzt, dass zur Unternehmensbewertung nur Ertragswertverfahren in Frage kommen. Andere Verfahren, z. B. Vergleichsverfahren, Substanzwertverfahren kommen allenfalls zur Plausibilisierung der Ergebnisse in Betracht.

127 Aufgabe einer nach den Grundsätzen ordnungsgemäßer Unternehmensbewertung durchgeführten Bewertung ist es, einen objektivierten Unternehmenswert zu ermitteln. Hieraus ergibt sich nach Auffassung des Autors allerdings auch die zwingende Notwendigkeit, ein Unternehmen so zu bewerten, „wie es liegt und steht". Daraus folgt, dass zukünftige Potenziale nur dann zu berücksichtigen sind, wenn die hierfür notwendigen Maßnahmen bereits umgesetzt sind und die erhofften Effekte gegriffen haben. Planspiele oder lediglich beschriebene Synergieeffekte aufgrund z. B. einer Fusion bleiben bei der Bewertung außerhalb der Betrachtung. Das Unternehmen ist demnach so zu bewerten, als ob es für die Zukunft weder eine Strategieänderung noch andere Maßnahmen umsetzen würde. Bereits eingeleitete Verbesserungsmaßnahmen sind also nur anteilig des Umsetzungs- und Wirkungsgrades zu berücksichtigen.

128 Die Unternehmensbewertung gemäß den Gesamtbewertungsverfahren (Ertragswertverfahren und Discounted Cash Flow Verfahren) zeigt, dass eine Verbesserung der Bewertungsgrundlagen – hier Free Cash Flows – sich überproportional positiv auf den Unternehmenswert auswirkt. Hierin ist ein weiterer Grund zu sehen, potenzielle Verbesserungsmaßnahmen vor dem Börsengang durchzuführen. Stabile Cash Flows mindern auch den durch einen potenziellen Investor verlangten individuellen Risikozuschlag, welcher wiederum erheblichen Einfluss auf den Unternehmenswert hat.

---

2 Peemöller (Hrsg.): Praxishandbuch der Unternehmensbewertung. 4. Aufl. 2009.

Theoretisch müssten das Ertragswertverfahren und das Discounted Cash Flow Verfahren zu einem identischen Bewertungsergebnis führen. Dies ist laut Peemöller jedoch nur zu erreichen, wenn:

- alle Zusatzinvestitionen im Verhältnis der Kapitalquote finanziert werden,
- die Risikoprämie nach dem gleichen Verfahren bestimmt wird,
- die Steuern am Ergebnis der Handelsbilanz ermittelt werden.

Dennoch wird vom Bewerter verlangt, die erzielten Ergebnisse mit dem jeweils anderen Verfahren abzugleichen und dementsprechend so zu justieren, dass gleiche Annahmen verwendet werden. Die Praxis zeigt, dass hier vorrangig das Ertragswertverfahren zu justieren ist, aus diesem Grunde hat sich die Anwendung der Discounted Cash Flow Methode in der Praxis durchgesetzt.

8.1   Unternehmenswertermittlung durch WACC-Ansatz

Innerhalb dieser Verfahren findet der WACC-Ansatz (Weighted Average Cost of Capital) die größte Bedeutung.

Im vorliegenden Beispiel wurde ebenfalls der WACC-Ansatz zur Ermittlung des Unternehmenswertes gewählt.

Dieses Verfahren ermittelt, wie auch das Ertragswertverfahren, den Diskontierungssatz der zukünftigen Zahlungsüberschüsse. Die Diskontierung ist notwendig, um den zukünftigen Wert der Zahlungsüberschüsse auf den heutigen Wert zu berechnen. Somit stellt der WACC den Diskontierungszinssatz dar. Dieser wird in der anschließenden Unternehmensbewertung benötigt, um letztlich den Wert des Eigenkapitals, also den Unternehmenswert, abzubilden.

Da Eigen- und Fremdkapital unterschiedliche Kosten verursachen, versucht dieser Ansatz ein der Kapitalstruktur angepasstes Bewertungsverhältnis zu ermitteln. Hier spricht man vom Marktwert des Eigen- bzw. Fremdkapitals.

Während sich der Marktwert des Fremdkapitals aus bestehenden Kreditverträgen ableiten lässt, ist die Bestimmung des Wertes des Eigenkapitals etwas komplexer. Der WACC-Ansatz legt als Prämisse ein verschuldetes Unternehmen zugrunde. Dies ist auch in unserem Beispiel gegeben.

Jeder Investor wird vor Tätigung einer Investition sein Risiko abwägen und mit Alternativanlagen vergleichen. Je höher er sein Risiko bewertet, desto höher wird naturgemäß auch die von ihm erwartete Verzinsung seines investierten Kapitals ausfallen. Bereits hieraus lässt sich ableiten, dass ein Investor kaum bereit sein wird, bei hohem Risiko einen hohen Kaufpreis zu bezahlen. Somit sinkt der Unternehmenswert bei steigendem Risiko.

Um das Gesamtrisiko einzuschätzen ist es erforderlich zwei verschiedene Risiken zu unterscheiden. Hierbei handelt es sich um das objektive und subjektive Marktrisiko. Das objektive Marktrisiko lässt sich relativ einfach bestimmen. Hierzu wird eine quasi risikolose Anlage (z. B. 10-jährige Bundesanleihe) mit der Durchschnittsrendite, z. B. Leitindex DAX (Deutscher Aktienindex) verglichen. Durch Subtraktion des Zinssatzes für die quasi risikofreie Anlage vom DAX ergibt sich das objektive Marktrisiko.

138 In unserem Beispiel wurde der Zinssatz für eine 10-jährige Bundesanleihe mit 0,25 % bewertet. Der exakte Zinssatz kann der Zinsstrukturkurve (Svensson) entnommen werden. Die durchschnittliche DAX-Rendite wurde mit 6 % unterstellt. Somit ergibt sich ein objektives Marktrisiko von 5,75 %.

139 Um nun das subjektive Marktrisiko zu bestimmen, ist es erforderlich, den Betafaktor zur bestimmen. Hierbei handelt es sich um ein Schwankungsmaß der Aktie zum Gesamtmarkt, welches hier ebenfalls durch den DAX repräsentiert wird. Ziel ist es, zu bestimmen, wie sich die Aktie zum Gesamtmarkt verhält und in welchem Maße die Aktie Marktänderungen nachvollzieht.

140 Steigt der Gesamtmarkt beispielsweise um 1 % und die Aktie um 0,5 % beträgt das Beta 0,5.

141 Doch genau hier liegen bei einem noch nicht am Kapitalmarkt notierten Unternehmen die Schwierigkeiten. Es liegen noch keine Informationen vor. Um dem abzuhelfen wird eine Peer-Group ermittelt, die mit dem Unternehmen des Emittenten vergleichbar ist. Dies bereitet regelmäßig größere Schwierigkeiten, da die tatsächliche Vergleichbarkeit nur selten gegeben ist.

142 Da die Ergebnisse jedoch in den WACC einfließen, ist hiervon der Unternehmenswert stark abhängig.

143 In unserem Beispiel wurde der Betafaktor mit dem Wert 1 angesetzt, was bedeutet, dass sich die Aktie genauso verhält wie der Gesamtmarkt.

144 Nun ist das objektive Marktrisiko mit dem Betafaktor zu multiplizieren und mit dem quasi risikofreien Zinssatz zu addieren. Das Ergebnis repräsentiert die insgesamt geforderte Eigenkapitalverzinsung und beträgt in diesem Beispiel 6 %.

145 Nun sind die Fremdkapitalkosten zu ermitteln. Im vorliegenden Beispiel wurde ein durchschnittlicher Fremdkapitalzins in Höhe von 3 % unterstellt. Da die Zinsaufwendungen als betrieblicher Aufwand zu berücksichtigen sind, vermindern sich diese Kosten um den jeweiligen Ertragssteuersatz, der hier mit 25 % unterstellt wurde. Die Fremdkapitalkosten sind also hier um 25 % zu reduzieren, so dass der reale Zinssatz für Fremdkapital mit 2,25 % in die WACC-Berechnung eingeht.

146 Abschließend sind die ermittelten Zinssätze entsprechend der Kapitalstruktur zu gewichten. Hier wurde ein Verhältnis von 50 % Eigen- und 50 % Fremdkapital unterstellt.

Somit beträgt der gewichtete Zins für Eigenkapital 3 % und für Fremdkapital 1,13 %.

Durch Addition beider Zinssätze berechnet sich der WACC. Hier ist der gewichtete Zinssatz also mit 4,13 % zu berücksichtigen.

Die getroffenen Annahmen können der folgenden Tabelle entnommen werden.

Tab. 20: Berechnung des WACC

Berechnung Kapitalkostensatz WACC			Kapitalstruktur	Gewichteter Zinssatz in %
			Eigenkapital in %	
Risikofreier Zinssatz in %	0,25		50	3,00
ø Rendite DAX in %	6,00			
Objektives Marktrisiko in %	5,75		Fremdkapital in %	
Betafaktor	1,00		50	1,13
Subjektives Marktrisiko in %	5,75			
Geforderte Eigenkapitalverzinsung in %	6,00		Kapitalkostensatz WACC in %	4,13
Zinssatz für Fremdkapital in %	3,00			
Ertragssteuersatz in %	25,00			
Fremdkapitalkosten	2,25			

Quelle: Eigene Darstellung.

8.2 Berechnung der diskontierten Free Cash Flows

Nachdem nun der WACC berechnet wurde, kann aus den ermittelten Free Cash Flows durch Diskontierung der Unternehmenswert ermittelt werden. Der Kapitalisierungszinssatz wird durch den WACC dargestellt.

Die Ergebnisse, d. h. der Unternehmenswert, kann der folgenden Tabelle entnommen werden.

Ermittlung des Unternehmenswertes

Tab. 21: Berechnung des Unternehmenswertes

Periode	Jahr 1	Jahr 2	Jahr 3	Jahr 4	Jahr 5	ab Jahr 6
1. Free Cash Flow	11.272.000	10.000.000	8.000.000	10.000.000	9.000.000	10.600.000
2. Kapitalisierungszinssatz r	0,0413	0,0413	0,0413	0,0413	0,0413	0,0413
3. Zwischenschritt (1+r)	1,0413	1,0413	1,0413	1,0413	1,0413	1,0413
Barwertfaktor (1+r)t^	0,9603	0,9222	0,8857	0,8505	0,8168	19,7775
Barwert auf erste Periode	10.824.930	9.222.491	7.085.368	8.505.435	7.351.283	209.641.120
Unternehmenswert			252.630.628	abzüglich Fremdkapital	Wert des Eigenkapitals	
				161.300.000	91.330.628	

Quelle: Eigene Darstellung.

Während der Gesamtwert des Klinikverbundes mit 252.630.628 EUR berechnet wurde, ist dieser nun um den Anteil des Fremdkapitals zu reduzieren. Somit erhalten wir den Wert des Eigenkapitals.

8.3 Economic Value Added

Im nächsten Schritt ist zu prüfen, ob der errechnete, aus den Free Cash Flows abgeleitete Unternehmenswert, bei einem Börsengang erzielt werden kann.

Hierzu eignet sich der „Economic Value Added Ansatz", welcher in der Literatur häufig als EVA- Ansatz abgekürzt wird. Dieser Ansatz gehört zu den Wertschöpfungsanalysen und beantwortet die Frage, ob ein Unternehmen über seine gewichteten Gesamtkapitalkosten (WACC) zusätzliche Werte (Übergewinne) schafft. Sofern dieses Ziel erreicht wird, ist die Anlage in die Aktie für den Investor interessant. Hierzu kann eine Kennzahl, EVA, gebildet werden, die für das Management und den Investor gleichermaßen von Bedeutung ist. EVA steht für den Economic Value Added Ansatz und entscheidet häufig darüber, ob der Unternehmenswert mit einem Aufschlag (bei positivem EVA) oder mit einem Abschlag (bei negativen EVA) korrigiert werden muss.

Dem EVA liegt der Gedanke zugrunde, dass ein Unternehmen, welches seine Kapitalkosten nach WACC exakt verdient, auch den Marktwert seines investierten Kapitals abzüglich des Fremdkapitals wert ist. Über- oder Unterschreitungen des WACC sind mit Zu- bzw. Abschlägen beim Unternehmenswert zu korrigieren.

Zunächst ist es erforderlich, dass sogenannte NOPAT zu berechnen. Hierbei handelt es sich um den Nettogewinn nach Steuern, aber vor Zinsen (Net Operating Profit After Taxes). Hierzu wurde im Beispiel der Jahresüberschuss zuzüglich gezahlter Zinsen verwendet. Zur exakten Bestimmung ist das Jahresergebnis noch um bis zu 170 Positionen zu bereinigen, diese lassen sich allerdings nicht ohne weiteres aus den veröffentlichen Jahresabschlüssen entnehmen.

Im nächsten Schritt wird das so berechnete NOPAT mit dem investierten Kapital, welches zur Erreichung der Jahresüberschüsse notwendig ist in Relation gesetzt. Das investierte Kapital wurde hier aus der Summe des Anlagevermögens und des Umlaufvermögens abzüglich der unverzinslichen Verbindlichkeiten (hier kurzfristige Verbindlichkeiten) ermittelt. Vom Ergebnis ist der WACC abzuziehen. Das dann erzielte Ergebnis ist wiederum mit dem investierten Kapital zu multiplizieren. Auf diesem Wege erhält man die absolute Größe des EVA.

Die Herleitung ist der folgenden Tabelle zu entnehmen.

Tab. 22: Berechnung des Economic Value Added

	NOPAT	21.710.000	Jahresüberschuss vor Zinsaufwand
	Anlagevermögen	377.922.460	Bilanzzahl
	(+) Umlaufvermögen	194.637.535	Bilanzzahl
	(–) unverzinsliche Verbindlichkeiten	51.824.000	Annahme: alle kurzfristigen Verbindlichkeiten
	(=) investiertes Kapital	520.735.995	Anlagevermögen + Umlaufvermögen – unverz. Verb.
	WACC	0,0413	
	EVA	203.603	Übergewinn

Quelle: Eigene Darstellung.

159 Es zeigt sich, dass der EVA leicht positiv ist und somit der ermittelte Unternehmenswert beim Börsengang erzielt werden kann. Allerdings wurde im Beispiel lediglich von der Betrachtung eines Geschäftsjahres ausgegangen.

160 Betrachtet man die Berechnungsgrößen des EVA genauer, wird bereits hier deutlich, welches Umdenken in der Regel in einem „börsenwilligen" Unternehmen zu erfolgen hat. Ein wesentliches Augenmerk ist auf das Umlaufvermögen (Forderungen und Vorräte) zu legen. Für das Anlagevermögen ist intensiv zu prüfen, ob wirklich sämtliche Bestandteile zur Erzielung des Betriebsgewinns erforderlich sind. Hier darf beispielsweise an die wirtschaftliche Sinnhaftigkeit von Schwesternwohnheimen erinnert werden.

9 Zwischenfazit zur Börsenreife

Sämtliche Kennzahlen deuten in unserem Beispiel auf die grundsätzliche Börsenreife und die Wahrscheinlichkeit der Realisierung des errechneten Unternehmenswertes hin. Das Unternehmen ist somit in der Lage, seine Zukunftsinvestitionen über Eigenkapital abzubilden und wird unabhängiger von den klassischen Hausbanken.

161

10 Empfehlung zur Kommunikationsstrategie

Ein Börsengang markiert sicherlich einen Meilenstein in jeder Unternehmensgeschichte. Er findet sowohl von interner als auch von externer Seite große Aufmerksamkeit. Aus diesem Grunde sollte ein Scheitern unbedingt vermieden werden. Allerdings sehen aus meiner Erfahrung nicht alle Beteiligten oder Betroffenen dieses Vorhaben als positiv an. Es besteht die Gefahr, dass Gerüchte oder Maßnahmen gestreut werden, die den Börsengang erschweren und im schlimmsten Fall sogar verhindern. Hierdurch würde dem Unternehmen ein nicht zu unterschätzender Reputationsschaden entstehen. **162**

Es wird dringend angeraten, alle bisher dargestellten Schritte in einem sehr engen Kreis durchzuführen und erst nach Feststellung der grundsätzlichen Börsenreife über das Vorhaben zu kommunizieren. **163**

Zunächst ist die Grundsatzentscheidung über einen Börsengang zu treffen. **164**

Anschließend sind die nachfolgenden Interessenkonflikte zu verifizieren und mit geeigneten Strategien zu hinterlegen. **165**

11 Interessenkonflikte

Spätestens an dieser Stelle komme ich um ein paar klare Sätze nicht herum. Mögen sie auch unbequem sein und den einen oder anderen in seinem Ego angreifen. Ausdrücklich sei betont, dass weder ein Berufsstand oder Institutionen oder gar natürliche Personen persönlich gemeint sind. 166

Fakt bleibt aber: Geld macht unabhängig und Unabhängigkeit ist naturgemäß nicht von jedem gewollt. 167

Richten wir zunächst unseren Blick auf die heutigen Leitungsorgane einer Klinik. 168

Die Geschicke der Klinik werden bestimmt durch den Geschäftsführer, den Ärztlichen Direktor und den Pflegedirektor, wobei nur aus Gründen der besseren Lesbarkeit auf die gendergerechte Anrede verzichtet wird. 169

Selbstverständlich sind hier alle Kompetenzen vertreten, die eine Klinik benötigt. Doch für eine Aktiengesellschaft unserer Größenordnung ist diese Struktur nicht ausreichend. 170

Benötigt werden ein Finanzvorstand, ein Vorstand für Investor Relations Angelegenheiten, einer für den Fachbereich Recht oder ähnlich. Zusätzlich benötigt die Aktiengesellschaft einen Vorstandssprecher (Chief Executive Officer). Sinnvollerweise wird der Vorstand auch noch durch einen Medizin- und Pflegevorstand ergänzt. Alle Positionen sind nur einmal zu besetzen. In unserem Beispiel haben wir jedoch fünf Kliniken fusioniert. Hieraus ergibt sich, dass Veränderungen in der heutigen Führungsstruktur unabdingbar sind. 171

Wie steht es mit den Aufsichtsorganen? Auch hier ist Sachkompetenz in den relevanten Bereichen gefragt – es geht im Zweifel auch um Haftungsfragen. Der Aufsichtsrat soll dem Vorstand ein ebenbürtiger Gesprächspartner sein und die Geschäfte des Vorstands kontrollieren. Somit sollten in diesem Organ ähnliche Kompetenzen vorhanden sein. 172

Auch auf Seiten der heutigen Hausbank wird sich die Begeisterung für einen Börsengang in Grenzen halten. Obgleich durch die Zufuhr von Eigenkapital bestehenden oder künftigen die Kreditengagements sichererwerden, erkennt vermutlich jede Bank, dass der Klinikverbund eine größere Unabhängigkeit erreichen und nicht mehr ausschließlich auf Kredite angewiesen sein wird. 173

Viele Kliniken, insbesondere in konfessioneller Trägerschaft, werden heute durch gewöhnliche Kredite über die Hausbank (oftmals kleine Kirchenbanken) finanziert. Diese treffen ihre Kreditentscheidungen nach den Regeln von Basel I – III. Somit bleiben für die Bank zwei Entscheidungsalternativen – finanzieren oder nicht finanzieren. 174

Selten habe ich persönlich von den zuvor beschriebenen Banken Alternativvorschläge, wie die Beschaffung von Mezzanine-Kapital oder der Möglichkeit eines 175

Interessenkonflikte

Börsenganges gehört. Hier fehlt es an Kompetenz und Interesse, Interviews haben häufig eine Erfahrung von null bei der Begleitung von Börsengängen hervorgebracht. Dieses Vorhaben müsste dann von den „Dachverbänden" der Bank begleitet werden und beschert der Hausbank nur Arbeit und anschließend weniger Kreditnachfrage.

176 Insofern sollte es nicht verwundern, wenn die Hausbank, „trotz grundsätzlicher Börsenreife" zumindest zum jetzigen Zeitpunkt, davon abrät, den Börsengang zu vollziehen.

177 Sofern zur Überbrückung der Zeit bis zum Börsengang ein Investor aufgenommen wurde oder werden soll, ist auch hier eine gewisse Verzögerungstaktik nicht ausgeschlossen. Zwar ist der Investor grundsätzlich an einer Exitstrategie interessiert, er will diese aber mit so vielen Geschäftsanteilen wie möglich, erreichen. Somit besteht häufig eine gewisse Neigung, den Börsengang hinauszuzögern und – gegen Zuteilung weiterer Anteile, eine weitere Zwischenfinanzierung zu stellen.

12 Strukturierung der Erstemission

Nachdem die Interessenskonflikte aufgearbeitet wurden, kann nun mit der eigentlichen Strukturierung des Börsenganges begonnen werden.

Diese ist insbesondere abhängig von den Zielsetzungen der Altgesellschafter und den Vorgaben des gewählten Börsensegments. In unserem Beispiel haben wir uns für den General Standard entschieden, vergleiche hierzu Kapitel 3.1.

Während das gewählte Börsensegment eine Streubesitzquote von 25 % und ein Mindestaktienvolumen von 10.000 Stück vorschreibt, zeigen diverse Studien ein notwendiges Aktienvolumen von 400.000 – 500.000 Stück auf. Wenn diese Anzahl unterschritten wird, besteht die Gefahr, dass auf dem Sekundärmarkt aufgrund der zu geringen Stückzahl kein liquider Handel der Wertpapiere ermöglicht wird. (Vergleiche A. Löhr, Kapitalmarktchancen prüfen und umsetzen, 2000).

12.1 Berechnung der notwendigen Kapitalerhöhung

Nun ist es zumindest erforderlich, den Kapitalbedarf für die nächsten 12 Monate zu bestimmen. Hieraus resultiert der Anteil an Aktien, der im ersten Schritt am Kapitalmarkt platziert werden sollte. Der Kapitalbedarf sollte an die Realität angepasst sein und die geplante Verwendung des Kapitals sollte der Equity Story (hierzu kommen wir später) zu entnehmen sein. Jeder Investor ist daran interessiert, dass sein investiertes Kapital für ihn arbeitet und nach Möglichkeit hohe Renditen erwirtschaftet. Keinesfalls will er Kapital anlegen, welches dann im Unternehmen als Liquiditätsreserve gehalten wird. Ebenso wenig will der Investor, dass die investierten Mittel nicht zur Umsetzung der geplanten Maßnahmen ausreichen und das Unternehmen somit innerhalb kürzester Zeit erneut Kapital generieren muss.

Im nächsten Schritt ist die Entscheidung darüber zu treffen, wie das gezeichnete Kapital vor und nach der Kapitalerhöhung gestückelt werden soll. Hier hat sich die Herausgabe von Stückaktien, die je Stück einen bestimmten Anteil am gezeichneten Kapital der Gesellschaft verbriefen, am Kapitalmarkt als allgemein anerkannte Grundlage herausgebildet. Die Stückaktie bietet auch den Vorteil, dass z. B. bei einer Kapitalerhöhung keine Veränderungen der Aktienurkunden vorgenommen werden müssen. So wird das Handling bei der Durchführung von Kapitalmaßnahmen stark vereinfacht.

Jetzt wird es erforderlich, den Platzierungspreis festzulegen. Dieser hat Einfluss auf die benötigte Anzahl von Aktien und somit auf die damit verbundene Kapitalerhöhung vor dem Börsengang.

In unserem Beispiel wurde ein vorbörslich gezeichnetes Kapital in Höhe von 125.000 EUR unterstellt.

Strukturierung der Erstemission

185 Der Kapitalbedarf der nächsten 12 Monate wurde mit 20,0 Mio. EUR angesetzt.

186 Die Stückaktien sollen einen rechnerischen Wert von 1,- EUR aufweisen.

187 Aus diesen Angaben kann nun die notwendige Kapitalerhöhung berechnet werden. Die Ergebnisse und Berechnungsschritte können der nachfolgenden Tabelle entnommen werden.

188 Tab. 23: Berechnung der notwendigen Kapitalerhöhung

Unternehmenswert	91.000.000	WACC-Ansatz
Gezeichnetes Kapital vor IPO	125.000	Annahme
Wert je Stückaktie in EURO	1	Börsenübliche Annahme
Anzahl Aktien vor Kapitalerhöhung	125.000	Gez. Kapital/Wert je Stückaktie
Rechnerischer Platzierungspreis	728	Unternehmenswert/Gez. Kapital vor IPO
Zielpreis	40	Annahme eines marktfähigen Preises
Prozentuale Überschreitung des Zielpreises	1.720	Hilfsgröße zur Berechnung der Kap. Erhöhung
Notwendige Kapitalerhöhung	2.150.000	Gez. Kapital vor IPO * Hilfsgröße in %
Gezeichnetes Kapital nach Kapitalerhöhung	2.275.000	Kapital vor IPO + Kapitalerhöhung
Anzahl Aktien nach Kapitalerhöhung	2.275.000	Kapital nach Erhöhung/Stückwert je Aktie
Kapitalbedarf	20.000.000	Annahme
Notwendige Anzahl Aktien	500.000	Kapitalbedarf/Zielpreis

Quelle: Eigene Darstellung.

189 Um die vorgenannten Parameter zu erreichen, ist also eine Kapitalerhöhung in Höhe von 2,15 Mio. EUR notwendig.

190 Der Zielpreis der Aktie wurde mit 40 EUR angesetzt, Werte die deutlich darüber hinausgehen erscheinen dem Anleger oftmals zu schwer.

191 Sofern der Zielpreis reduziert werden soll, sind mehr Aktien notwendig, die jedoch die notwendige Kapitalerhöhung mehrt.

192 Der endgültige Zielpreis wird sich jedoch erst in der Bookbuildingphase zeigen und wird dann die Berechnungsgrundlage der Kapitalerhöhung.

193 Dennoch ist die vermutliche Größenordnung der Kapitalerhöhung bereits hier zu erkennen.

194 Bei Durchführung der Kapitalerhöhung ist darauf zu achten, dass der Anteil aus Altaktionärsabgabe möglichst gering gehalten wird. Ansonsten besteht schnell die Vermutung des „Kassemachens" der Altaktionäre. Gleiches gilt für eventuell vorhandene Anteile des Managements. Der Anteil der Kapitalerhöhung aus

Altaktionärsabgabe sollte lt. Löhr „Kapitalmarktchancen prüfen und umsetzen", deutlich unter 50 % liegen und ebenso begründet werden, z. B. Steuerzahlungen.

Trotzdem besteht aber hier für die Altaktionäre ein gewisser Spielraum, auch selbst am Börsengang zu partizipieren. **195**

12.2 Erhalt der Mehrheitsanteile

In der Regel verfolgen die Alteigentümer der Gesellschaft die Zielsetzung des Erhalts der Mehrheitsanteile. Dieses ist auch sinnvoll, denn schließlich sollen die Ziele der Gesellschaft auch nach Börsengang umgesetzt werden. **196**

In der Praxis hat sich gezeigt, dass ein Anteilsbesitz von 40 % ausreicht, um die Mehrheit zu repräsentieren. **197**

13 Umstellung der Rechnungslegung von HGB auf IFRS

Die Zulassung zum gewählten Börsensegment schreibt zwingend eine Rechnungslegung nach IFRS (International Financial Reporting Standards) vor. 198

Hier ist es angebracht, sich mit den Gründen für diese Vorschrift zu beschäftigen. 199

Der Hauptgrund ist in einer angestrebten Vergleichbarkeit von Jahresabschlüssen auf internationaler Ebene zu sehen. Die Globalisierung hat inhaltlich auch das Zusammenwachsen verschiedener Volkswirtschaften zur Folge. Güter, Kapital und Dienstleistungen werden heute weltweit bewegt und bieten den Nutzern eine weltweite Transparenz über Preissituation, Produktionsbedingungen, Steuersituationen und vieles mehr. (vergleiche hierzu Salditt, Anforderungen an die externe Berichtserstattung nach IFRS, Bd. 37, Wismarer Schriften zu Management und Recht, 2010). Wenn Volkswirtschaften eng miteinander verzahnt sind, liegt es auf der Hand, dass sich ein gleicher Trend auf den Finanzmärkten bildet. 200

Während der Preis für ein Barrel Öl oder einen Ballen Baumwolle nach Definition der Qualitätsstandards sehr einfach weltweit zu vergleichen ist, ist es die Rechnungslegung eben nicht. Unterschiedliche Bewertungsansätze von Vermögensgegenständen würden auf ein und das gleiche Unternehmen zu unterschiedlichen Darstellungen der Vermögens- oder Erfolgslage führen. 201

Um dieses zu vermeiden, wurden weltweit einheitliche Rechnungslegungsstandards eingeführt, die von allen am Kapitalmarkt notierten Unternehmen einzuhalten sind. Somit ist auch ein deutscher Anleger in der Lage, sich ein fundiertes Bild über ein ausländisches Unternehmen zu schaffen und dieses mit seinen Investitionsvorstellungen abzugleichen. 202

Die Standards nach IFRS zielen insbesondere auf kapitalmarktorientierte Unternehmen ab und sind somit bereits vor der Erstnotierung anzuwenden. 203

Natürlich funktioniert eine Umstellung von HGB-Vorschriften (Handelsgesetzbuch) nicht von heute auf morgen. 204

Allein die vorgeschriebene Zeitabfolge zeigt die benötigte Zeit auf. Sofern 2018 erstmalig nach den Standards der IFRS berichtet werden soll, werden die Vergleichszahlen von 2017 benötigt. Hierzu benötigt man die Saldenvorträge zum 01.01.2017, dafür jedoch den Jahresabschluss 2016. Dieser Zeitraum vergrößert sich entsprechend, da die Listung im General Standard eine 3-jährige Berichtshistorie vorschreibt. Doch mit der alleinigen Umstellung auf IFRS wird das Unternehmen nicht auskommen. Durch dieses Verfahren sind annähernd sämtliche Unternehmensbereiche betroffen. Folgende Graphik zeigt diesen Zusammenhang auf. 205

206

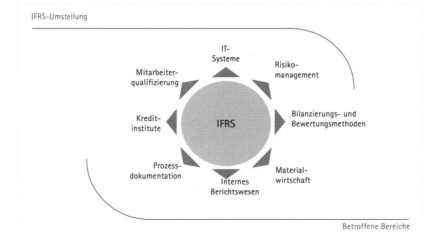

Abb. 1: IFRS-Umstellung und betroffene Bereiche
Quelle: Eigene Darstellung.

207 Die Umstellung der Berichterstattung von den Vorschriften des Handelsgesetzbuches (HGB) auf die Standards der internationalen Berichterstattung ist ein sehr komplexer Vorgang und benötigt in jedem Falle die Einbindung eines auf diesem Gebiet erfahrenen Wirtschaftsprüfers.

208 Aufgrund vieler Wahlrechte in Bewertungsfragen kann auch nicht prognostiziert werden, wie sich die Umstellung letztlich auf die Ertrags- und Vermögenslage darstellt. Diese sind im konkreten Einzelfall zu bestimmen und umzusetzen.

209 Hier hilft ein erstes Orientierungsgespräch mit der Wirtschaftsprüfungsgesellschaft dabei, die Komplexität und Anforderungen zu erfassen und entsprechend im Zeitplan des IPO (Initial Public Offering) zu berücksichtigen.

210 Im Rahmen dieser Gespräche sollten auch die notwendigen Projektgruppen gebildet werden und der Fortbildungsbedarf der betroffenen Mitarbeiter geklärt werden.

211 Die Vorschriften nach IFRS unterliegen ständigen Aktualisierungen und sind demnach fortlaufend anzupassen.

212 Hieraus wird eine veränderte Qualifikation im Rechnungswesen hervorgehen.

14 „Gründung" der Aktiengesellschaft

Nachdem nun die Grundsatzentscheidung zum Börsengang getroffen wurde, ist es nun erforderlich, eine kapitalmarktfähige Rechtsform zu schaffen. In unserem Beispiel muss eine Aktiengesellschaft (AG) gegründet werden.   **213**

Dieses wird in der Regel durch folgende Möglichkeiten realisiert: **214**

- Rechtswechsel (die GmbH wird in eine AG umgewandelt)
- Verschmelzung (Zusammenschluss von bisher selbständigen Unternehmen zu einer wirtschaftlichen und rechtlichen Einheit)
- Sachgründung (Einbringung des operativen Unternehmens)

Welche Option geeignet ist, sollte unbedingt mit einer Wirtschaftsprüfungsgesellschaft im Vorfeld abgestimmt werden. Durch die Auswahl der richtigen Option kann z. B. im Vorfeld das gezeichnete Kapital ohne Bindung von zusätzlicher Liquidität erhöht werden. Spätere Rückabwicklungen binden Zeit und verursachen hohe Kosten.   **215**

Im Rahmen der Errichtung der Aktiengesellschaft sind auch die gesetzlich vorgeschriebenen Organe der Gesellschaft zu berufen. Hieraus resultiert dann die Zusammensetzung des Vorstandes und des Aufsichtsrates.   **216**

15 Erstellung des Börsenprospektes

Nachdem die Umstellung der Rechnungslegung auf IFRS-Vorschriften abgeschlossen ist, kann nun der für die Zulassung zum Handel der Aktien erforderliche Börsenprospekt erstellt werden. 217

Dieser ist gesetzlich vorgeschrieben und muss von der BaFin (Bundesanstalt für Finanzdienstleistungsaufsicht) geprüft und genehmigt werden. 218

Unvollständige oder im schlimmsten Fall unrichtige Angaben führen in der Regel zu Schadensersatzansprüchen der Anleger. 219

„Wer im Europäischen Wirtschaftsraum (EWR) Wertpapiere öffentlich anbieten oder an einem organisierten Markt zulassen möchte – z. B. im Rahmen eines Initial Public Offering, IPO – muss dafür einen Wertpapierprospekt erstellen und veröffentlichen. Ein solcher Prospekt, der wesentliche Informationen über den Emittenten sowie die anzubietenden Wertpapiere enthält, ist vor seiner Veröffentlichung von einer staatlichen Behörde zu billigen. In der Bundesrepublik Deutschland ist dafür die Bundesanstalt für Finanzdienstleistungsaufsicht (BaFin) zuständig." (www.bafin.de) 220

Die Notwendigkeit der Prospektpflicht ist im Anlegerschutz zu sehen. Bevor ein Investor ein Wertpapier kauft, soll er in die Lage versetzt werden, sich ein umfassendes Bild vom Emittenten und seiner wirtschaftlichen Lage zu machen. 221

Die rechtliche Grundlage bildet hierzu das Wertpapierprospektgesetz (WpPG). Hierzu ist es notwendig, die Begrifflichkeit von Wertpapieren zu definieren. Im Sinne des Gesetzes sind Wertpapiere Anlageinstrumente, die an einem Markt gehandelt werden können und eine Fungibilität (Austauschbarkeit) besitzen. Dieses ist bei Aktien grundsätzlich gegeben. 222

Um den Anlegerschutz zu gewährleisten, muss der Prospekt sämtliche Angaben enthalten, die für eine Investitionsentscheidung des Anlegers im Hinblick auf den Emittenten erforderlich sind. 223

Hierzu zählen 224

- Allgemeine Angaben zur Gesellschaft
- Allgemeine Angaben zu den gesetzlichen Organen
- Beschreibung der historischen Finanzinformationen
- Angaben zu getätigten, laufendenden und zukünftigen Investitionen
- Angaben zur Geschäftstätigkeit des Emittenten
- Darstellung der wesentlichen Verträge
- Informationen über Rechtsstreitigkeiten und deren Risiken
- Angaben zur Kapitalisierung und Verschuldung
- Vorlage der letzten drei Jahresabschlüsse
- Allgemeine Angaben zum Wertpapier z. B. WKN
- Darlegung der Angebotsgründe

- Angaben zur geplanten Verwendung des Emissionserlöses und Kosten der Emission
- Darstellung der Angebotsbedingungen
- Angaben über mögliche Verwässerungen
- Offenlegung eventueller Lock up Vereinbarungen
- Angaben zu bestehenden Risikofaktoren der Wertpapiere

225 Die BaFin wird die eingereichten Unterlagen binnen einer Frist von 20 Werktagen prüfen und gegebenenfalls eine Freigabe erteilen.

226 Insgesamt beschränkt sich die Prüfung der BaFin auf Vollständigkeit und Kohärenz. Die Genehmigung des Wertpapierprospektes stellt also kein Gütesiegel dar und kann somit auch nicht vom Emittenten zu Werbezwecken benutzt werden.

227 Die Gebühren zur Prüfung und Billigung eines Wertpapierprospektes betragen 6.500,- EUR.

15.1 Erarbeitung der Equity Story

228 Um eine erfolgreiche Erstemission zu gewährleisten, die auch zu den geplanten Preisen der Aktie durchgeführt werden kann, ist es erforderlich, Investoren für die Anlage zu überzeugen. Dieses wird nicht allein durch die Erstellung eines Börsenprospektes oder einer Veröffentlichung in Zeitungen oder auf der Homepage zu erreichen sein.

229 Die Gesellschaft ist von positiven Meinungen, insbesondere der Analysten, abhängig. Doch hier liegt naturgemäß eine Informationsasymmetrie vor, die dem Unternehmen eher schadet als hilft.

230 Aus diesen Gründen ist es notwendig, Anleger von der Vorteilhaftigkeit der Investition zu überzeugen. Hierzu dient neben anderen Instrumenten die sogenannte Equity Story.

231 Abstrakt ausgedrückt, handelt es sich bei dieser Story um die Darlegung der Gründe, warum ein Investment in die Aktie des Emittenten vorteilhaft ist.

232 Die Argumentation sollte folgende Inhalte beinhalten:
- Marktwachstum der nächsten Jahre
- Wettbewerbsvorteil des Unternehmens, z. B. größter Anbieter von Gesundheitsleistungen in der Region
- Marktführer in bestimmten Kompetenzbereichen
- Gewinnwachstum der nächsten Jahre
- Alleinstellungsmerkmale, z. B. durch zertifizierte Behandlungsschwerpunkte
- Einsatz neuester Technologien
- Exzellentes Netzwerk mit Kooperationspartnern

Insgesamt sollte die gesamte Equity Story kurz und prägnant in wenigen aussagekräftigen Sätzen erklärt werden können. Es geht darum, potenziellen Investoren, insbesondere institutionellen Investoren, aber auch Analysten schnell einen Überblick über das Unternehmen mit seinen Marktchancen zu ermöglichen.

15.2 Roadshow

Dieser Schritt ist annähernd in der letzten Phase vor dem Börsengang durchzuführen. Hier präsentiert das gesamte Management der Öffentlichkeit das Unternehmen und stellt die Zukunftspläne nationalem und gegebenenfalls internationalem Publikum (Anlegern) vor. Um diesen Schritt erfolgreich abzuschließen, wird eine Unternehmenspräsentation erstellt, die dann auf Presse,- Analystenkonferenzen und vor Investmentfonds vorgestellt wird.

In dieser Phase wird sich auch im Rahmen des Bookbuilding Verfahrens der endgültige Emissionspreis der Aktien bilden und somit über das „Finetuning" der Kapitalerhöhung entscheiden.

16 Zeitplan des IPO

Die zuvor beschriebenen Arbeitsschritte zeigen auf, dass ein Börsengang nicht von heute auf morgen zu realisieren ist.

Der nachfolgend abgebildete Zeitplan spiegelt in etwa die Realität wider, setzt aber voraus, dass die benötigten Ressourcen zum richtigen Zeitpunkt vorgehalten werden.

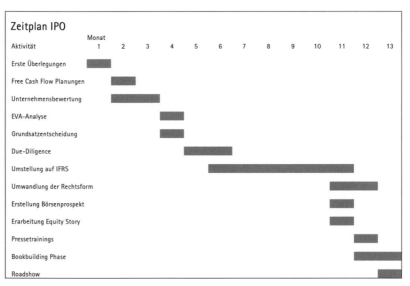

Abb. 2: Zeitplan IPO
Quelle: Eigene Darstellung.

17 Kosten des IPO

Die Kosten eines Börsenganges betragen erfahrungsgemäß zwischen 8 % und 10 % des effektiven Emissionsvolumens.

In unserem Beispiel wurde aus rechnerischen Gründen eine vollständige Aktienplatzierung zum ermittelten Unternehmenswert unterstellt.

In der Praxis wird das Unternehmen aber deutlich weniger Aktien platzieren, schließlich soll die Mehrheit der Stimmanteile am Unternehmen erhalten werden.

Somit werden sich auch die Kosten des Börsenganges entsprechend reduzieren.

Die Zusammensetzung der Kosten sind Erfahrungswerte und können der nachfolgenden Abbildung entnommen werden.

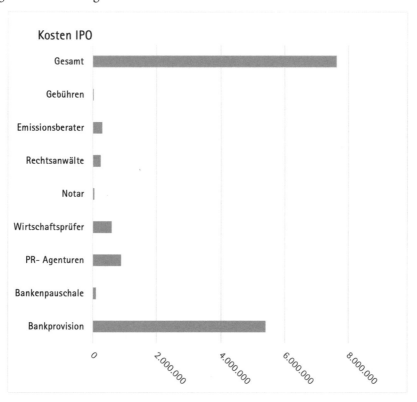

Abb. 3: Zusammensetzung der Kosten
Quelle: Eigene Darstellung.

18 Zusammenfassung

Die vorliegende Arbeit zeigt, dass ein Börsengang für Krankenhäuser durchaus möglich ist und eine interessante Alternative zur Kapitalbeschaffung darstellt. Durch die Generierung von Eigenkapital ist der beispielhafte Verbund in der Lage, weiteres solides Wachstum darzustellen und sein Unternehmen für die Zukunft auf eine gute wirtschaftliche Basis zu stellen.

Es zeigt sich aber auch, dass der Weg bis zum Börsengang viele Mühen abverlangt und ein komplettes Umdenken erforderlich macht.

Die einzelnen Schritte wurden oftmals nur ansatzweise beschrieben, die Zielsetzung der Arbeit bestand in der Prüfung, ob die Rechtsform einer kapitalmarktorientierten Aktiengesellschaft überhaupt für einen mittleren Krankenhausverbund realistisch ist.

Der Zeitpunkt für einen Börsengang sollte nach Möglichkeit abgewogen werden, die noch immer anhaltende Niedrigzinsphase beeinflusst den Unternehmenswert positiv.

Ich würde mich sehr freuen, wenn die vorgestellte Arbeit dazu dient, sich mit dieser Möglichkeit der Kapitalbeschaffung kritisch auseinander zu setzen.

Glossar

Anlagenintensität
Verhältnis des Anlagevermögens zum Gesamtvermögen

Basel II, III
Eigenkapitalhinterlegungsvorschriften für Banken

Betafaktor
Volatilität der Aktie zum Gesamtmarkt

Bookbuilding Phase
Zeitraum der Emissionspreisfindung

Börsensegment
Teilmarkt der Börse, in dem die Aktien zum Handel zugelassen sind

Debt-Capacity
Verschuldungsgrenze eines Unternehmens

Discounted Cash Flow Methode
Methode der Unternehmensbewertung

Economic Value Added
Messgröße zur Berechnung der Vorteilhaftigkeit einer Investition

Equity Story
Argumentationskonzept zur Einwerbung von Eigenkapital

Free Cash Flow
Zahlungsüberschüsse einer Periode

Glossar

Kapitalerhöhung

Erhöhung des Eigenkapitals einer Unternehmung

Leverage Chance

Hebelwirkung des Fremdkapitals zur Steigerung der Eigenkapitalrentabilität

Marktkapitalisierung

Anzahl Aktien x Börsenkurs

Roadshow

Verkaufsveranstaltung für Investoren

Stückaktien

Nennwertlose Aktie, bei der jede Aktie den gleichen Anteil am Grundkapital hat

WACC

Verfahren der Unternehmensbewertung zur Bestimmung der Mindestrendite

Literatur

Löhr, A.: Börsengang Kapitalmarktchancen prüfen und umsetzen. Königsstein 2006.
Peemöller, V.: Praxishandbuch der Unternehmensbewertung. 4. Aufl. Nürnberg 2009.
Poll, J.: Die Bewertung von Krankenhäusern kompakt, Berlin 2010.
Rummer, M.: Going Public in Deutschland. Eine empirische Analyse von Borsengängen auf der Grundlage der Behavioral Finance, Wiesbaden 2006.
Salditt, T.: Anforderungen an die externe Berichterstattung nach IFRS, Wismar 2010.
Wöhe, G.: Einführung in die Allgemeine Betriebswirtschaftslehre, Saarbrücken 1996.

Stichwortverzeichnis

Anlagenintensität 41, 44
Ärztedichte 11, 13

Basel II 2
Basel III 2
bei Basel III 26
Beschäftigungsüberhang in Deutschland 19
Beta 52
Bookbuildingphase 64
Börsenemission 32
Börsengang 2, 25, 28 ff., 39, 49 f., 55 f., 62 f., 65
Börsensegment 31

Debt Capacity 37
Digitalisierung 4, 37
Discounted Cash Flow-Verfahren 32
Dynamischer Verschuldungsgrad 41, 44

Economic Value Added 55
Eigenkapital 2, 26 f., 29, 41, 44 f., 49, 52 f., 57, 61
Eigenkapitalquote 41
Eigenkapitalrendite 41, 44
Eigenkapitalrentabilität 41
Emittenten 29, 45, 52
Equity Story 63
Erstemission 63

Fachkräftemangel 1, 4
Fördermittel 1, 8, 16, 37
Free Cash Flows 32, 37, 46, 50, 53, 55
Fremdkapital 37, 41, 45, 51 ff.

Gemeinnützigkeit 2 f., 26, 30

General Standard 30 f., 63
Gesamtkapitalquote 27
Gesamtkapitalrentabilität 41
Goldene Bilanzregel 41
Goldene Finanzierungsregel 41, 45

Instandhaltungs- und Investitionsstau 4, 9, 16
Instandhaltungsstau 4
Intensität des Umlaufvermögens 41, 44
Interessenkonflikte 61
Interessenskonflikte 63
International Financial Reporting Standards 30, 67

Kapazitätsvergleich 11
Kapitalbeschaffung 3, 28, 49
Kapitalerhöhung 37, 63 f.
Kernkapitalquote 27
Kommunikationsstrategie 59
Krankenhausentlassungen je 1.000 Einwohner 14
Kreditgeber der Deutschen Wirtschaft 25

Landesbasisfallwert 4
Leverage Chance 41
Liquidität 1. Grades 41, 45
Liquidität 2. Grades 41, 45

Marktkapitalisierung 49

Net Operating Profit After Taxes 55

Personalbelastungszahlen 21

Stichwortverzeichnis

Statischer Verschuldungsgrad 41, 44
Stückaktien 63 f.

Trägerkonzentration 2, 4

Überkapazitäten 14 ff., 21, 23
Umsatzrentabilität 41, 45

Unternehmensbewertung 32, 37, 49 ff.

Verdrängungswettbewerb 1, 23, 28
Verweildauer 5, 11, 13, 21

WACC 32, 51 ff., 55
Wachstum 1 f., 37, 39

Der Autor

© Stefan Terkatz

Dr. Stefan Terkatz

Dr. Stefan Terkatz (Diplom Betriebswirt) ist freier Unternehmensberater und im Gesundheitswesen seit 1990 und in der Finanzierungs- und Sanierungsberatung ebenfalls im Gesundheitswesen seit 2000 tätig. Zu seinen Stationen zählten verschiedene Geschäftsführertätigkeiten in Krankenhäusern, Vorstandsmitglied eines Krankenhauses in der Rechtsform der Aktiengesellschaft, Mitglied der Geschäftsleitung eines großen Krankenhausverbundes und Geschäftsführer und Gründer der ADMED GmbH, Unternehmensberatung für Gesundheitswirtschaft.

Dr. Terkatz hat zahlreiche Unternehmenskäufe und Verkäufe begleitet und in vielen Krankenhausverbünden die Möglichkeit eines Börsenganges geprüft und konzipiert.

Sein Arbeitsschwerpunkt liegt in der Strukturierung von Finanztransaktionen, M&A-Beratung sowie Sanierungsberatung.

Der neue Krankenhaus Rating Report 2019
Das Ende des Wachstums?

Das bietet der Krankenhaus Rating Report:

- ✓ empirisch abgesicherte Erkenntnisse über den Krankenhausmarkt
- ✓ Auswertung von über 500 Jahresabschlüssen von etwa 900 Krankenhäusern
- ✓ rund 130 farbige Schaubilder, Karten und Tabellen

Die guten Jahre sind vorbei. Nach einem wirtschaftlichen Aufwärtstrend der Krankenhäuser bis 2016 mehren sich die Anzeichen einer spürbaren Verschlechterung. Die Fallzahlen der Krankenhäuser sind 2017 gesunken und auch für 2018 ist ein ähnlicher Trend zu erwarten. Dagegen steigen die Personalkosten immer stärker. Erste Insolvenzen werden bekannt. Beginnt trotz Alterung der Bevölkerung eine Phase des „Null-Wachstums" bei einer gleichzeitig sich verschärfenden Personalknappheit? Bahnt sich mit der geplanten Ausgliederung der Pflegepersonalkosten gar das Ende des DRG-Systems an? Liegt in seinem Ende vielleicht sogar eine Chance für sektorenübergreifende Vergütungsmodelle? Wird das anstehende neue Jahrzehnt – im Zeichen der Digitalisierung und zunehmender Ressourcenknappheit – einen Weg in eine effizient organisierte, patientenzentrierte Versorgung aufzeigen?

Der Krankenhaus Rating Report 2019 widmet sich der Darstellung der aktuellen wirtschaftlichen Lage der Krankenhäuser und vielen weiteren Themen in gewohnt fundierter Weise. Das Thema Personal spielt dabei eine große Rolle: Welchen Fachkräftebedarf wird das Gesundheitswesen in den 2020er Jahre haben? Welches Migrationspotenzial besteht? Aus welchen Ländern können junge Menschen für das deutsche Gesundheitswesen gewonnen werden? Was kostet die Pflegeausbildung? Wie ist der Stand bei Investitionsmitteln und dem Strukturfonds?

Der Report 2019 gibt Antworten auf diese Fragen und zeigt mögliche Lösungswege auf.

Wählen Sie zwischen verschiedenen medialen Formen:

Print inkl. eBook (epub-Datei):
Ca. 240 Seiten. Softcover.
€ 349,99 inklusive Gutscheincode zum kostenlosen Download des eBooks.
Vorzugspreis für Abonnenten (erscheint 1x jährlich): € 324,99
ISBN 978-3-86216-555-1

eBook (epub-Datei):
€ 297,99
ISBN 978-3-86216-556-8

Online (Abonnement):
Jahrespreis für eine Lizenz € 298,00
Weitere Zusatzlizenzen je € 179,00
ISBN 978-3-86216-103-4
Inkl. Archiv der Rating Reporte 2012 – 2018
Auch von mobilen Geräten über die **App „medhochzwei Bibliothek"** abrufbar

Bestellung und weitere Informationen unter:
www.medhochzwei-verlag.de/shop, Tel.: 07953 / 7189 076, E-Mail: medhochzwei-verlag@sigloch.de

Unternehmerisches Wagnis in der ambulanten und stationären Pflege

Friedrich u. a.
Unternehmerisches Wagnis in der ambulanten Pflege
2019. XXII, 241 Seiten. Softcover. € 98,99.
ISBN 978-3-86216-492-9

Im Bereich der ambulanten Pflege sind die Systematik und die Kultur des Entgelteverhandelns zwischen den Leistungsanbietern und den Kostenträgern noch eher wenig entwickelt. Es ist Zielsetzung der explorativen Studie, Eckpunkte zu setzen, an denen sich in den üblicherweise auf Verbändeebene geführten Verhandlungen oder aber auch in den häufiger werdenden Einzelverfahren orientiert werden kann. Neben der Auswertung der relevanten Datenquellen und Studien zum Bereich der ambulanten Pflege greifen die Studienautoren auch auf eine Primärdatenerhebung bei weit über 100 Pflegediensten aller Trägergruppen zurück.

Friedrich u. a.
Unternehmerisches Wagnis in der stationären Pflege
2018. XXI, 158 Seiten. Softcover. € 98,99.
ISBN 978-3-86216-433-2

Im Mittelpunkt der Studie für die stationäre Pflege steht die Definition der Begrifflichkeiten, die notwendige Beschreibung der Kalkulationsmethodik und auch die Quantifizierung. Die wesentlichen Risikofaktoren der Branche wurden analysiert und bewertet. Eine Kalkulationsmethodik wurde erarbeitet und eine erste Berechnung des Unternehmerischen Wagnisses vorgenommen. Einbezogen in die Studie wurden die Expertise und die betrieblichen Kennziffern von privaten und freigemeinnützigen Trägern mit insgesamt mehr als 500 Pflegeheimen.

Bestellung und weitere Informationen unter:
www.medhochzwei-verlag.de/shop, Tel. 07953 / 7189 076, E-Mail: medhochzwei-verlag@sigloch.de